のバブルと日本経済

藤井彰夫

日経プレミアシリーズ

はじめに

読者の皆さんは「正義」という言葉にどのようなイメージを持つでしょうか。スーパーマンやウルトラマンや仮面ライダーなどのアクション・ヒーローは、みんな「正義の味方」です。彼らが対決する相手は宇宙からやってきて地球を破壊する怪獣や、世界征服をたくらむ悪の秘密結社という「悪」です。この悪者をやっつけるヒーローはまさに「正義」の側にいる者ということになります。

ただ、アクション・ヒーローでも米国のコミックから生まれた「バットマン」はかなり趣が異なります。特に近年の米ハリウッドでつくられている映画シリーズのバットマンでは、従来の「正義の味方」から、本人も悩む姿も加えた「ダーク・ヒーロー」という色合いが濃くなっています。

米映画「スター・ウォーズ」シリーズでも、もともとは正義の側にいたはずのアナキン・スカイウォーカーがダークサイドに落ちてダース・ベイダーになる姿が描かれ、善悪二元論に一石を投じています。

この本は「正義論」を語るのではなく、日本経済についての本です。私は新聞記者として40年余り、日本経済をながめてきました。そのなかで何度か海外で仕事をする機会があり、その時に遠くから日本の姿を一歩引いて客観的にみることができたような気がします。

特に、今から30年余り前の日本のバブル経済の発生とその崩壊、その後の日本経済の苦闘期に、「正義」がどのように日本で語られ、それがいかに経済に影響したかについて考えるようになりました。

英語でナラティブ（narrative）という言葉があります。日本語では物語などと訳されることが多いようです。２０１３年にノーベル経済学賞を受賞した米経済学者のロバート・シラー教授は『ナラティブ経済学』（山形浩生訳、東洋経済新報社）という本で、人々の語る「ナラティブ」がいかに経済に影響を与えてきたかを分析しました。あるナラティブは「根拠なき熱狂」となって人々の行動を変えて経済を大きく動かしてきたといいます。

本書ではいくつかの「正義」のナラティブがどのように日本経済に影響し、時にゆがめていったかをみていきたいと思います。特に私が注目したいのは、その時は多くの人が賛同あるいは反対できない「正義」のナラティブがいきすぎて、「正義」のバブルになり、経済政策に悪影響を及ぼしたと思われる例です。

ちょうどこの本の執筆にとりかかったころ、テレビのニュース番組などを騒がせていたのが「マイナ保険証問題」でした。今の健康保険証をマイナンバーカードに切り替える作業の過程で、個人情報の誤登録など様々なトラブルが発生し、人々の怒りが沸騰し、社会問題になったのです。

今の保険証に慣れている高齢者などが、マイナ保険証への切り替えを不安に思っているのは確かでしょう。その方々の不安を取り除くための丁寧な説明と対応が必要なのは言うまでもありません。誤って個人情報を紐付けられたケースについても、間違いを迅速に正していくことが欠かせません。

ただ「国民の安心が第一だ」「プライバシー保護の優先を」という正義の言葉を前にして、マイナ保険証に象徴される医療分野のデジタル改革を止めてしまうのは間違いだと思います。2020年以降の新型コロナウイルスの感染大爆発であらわになった日本の弱点を改善するためにもデジタル改革は必要です。紙による手作業や、ほかの先進国ではオフィスから姿を消したファクスやフロッピーディスクなどがいまだに使われている日本では、アナログ業務をデジタル化することが経済の成長には不可欠です。私は、今回の騒ぎで皆が反対しにくい「正義」のバブルが膨らむことで、必要な改革がスローダウンしてしまうことを恐れています。

こうした騒動には既視感を覚えます。同じような光景をこれまでも何度かみてきたような気がするのです。例えば、アジア・太平洋地域の自由貿易圏をつくる環太平洋経済連携協定（TPP）交渉です。TPPは最終的には2018年12月に発効するのですが、その前の加盟交渉では日本国内で様々な反対運動が起こりました。

TPPに入ると外国の民間医療保険が入ってきて、国民のすべてが医療を受けられる「世界に冠たる」日本の健康保険制度が崩壊してしまうという物語が語られ、「国民皆保険を守れ」という反対運動が起こりました。TPPによる関税引き下げで日本の農村と農業は壊滅してしまうので「日本の農業を守れ」という声もあがりました。実際にTPPに加盟してもそんなことは起きなかったのですが、「国民皆保険を守れ」「瑞穂（みずほ）の国の農業を守れ」という「正義」のナラティブにTPPをめぐる国内議論は迷走を重ねました。

「拙速な改革はやめよ」「今は立ち止まる時だ」「安心・安全が第一」――。いずれも、正論に聞こえますが、時としてこのような声が必要な改革を止めたり、遅らせたりしてしまうこともあります。

要はバランスの問題です。本書では、過去の日本経済を振り返りながら、「正義」で熱くなりすぎる「正義」のバブルのリスクを考えていきます。英国の著名経済学者アルフレッド・マーシャルは、経済学者の心構えとして「クールヘッド（冷静な頭脳）とウォームハート（温かい心）＝cool head, but warm heart」という言葉を遺しました。

正義感から怒りに震えている時ほど、少し落ち着いて冷静に分析し、何が真の問題かを考えるべきでしょう。私も常に仕事で自問自答していることですが、本書では過去の日本経済の事例を具体的に振り返りながらこの問題を考えていきたいと思います。

これからの章は、それぞれ独立したお話になっていますので、見出しを見て興味のあるところから読んでいただいても結構です。

目次

「正義」のバブル2

「銀行救済に税金投入はけしからん」 33

「正義」のバブル3

「日本はものづくり国家、額に汗して働け」 57

「正義」のバブル4
「弱い中小企業は皆救うべきだ」　93

「正義」のバブル5

「堕落した官僚は懲らしめろ」 115

「正義」のバブル6

「金融政策はあらゆる手段を」 139

「正義」のバブル9

「拙速な改革は避けよ」 197

「正義」のバブル

1

「地価を下げることこそ正しい」

――１９８０年代末の平成バブル絶頂期。
未曽有の地価高騰で庶民のマイホームの夢は遠のいた。
土地の値段を下げろという大合唱が起こった。

土地対策求める大合唱

２０２３年3月22日、国土交通省は23年の公示地価を発表しました。公示地価は国交省が毎年1月1日時点で全国の２万６０００地点を調査して土地の価格を公表する統計で、土地の売買の目安に使われています。

２０２３年の住宅地、商業地など全用途の全国平均の地価は前年に比べ１・６％上がり、リーマン・ショック前の08年（１・７％）に次ぐ15年ぶりの高い上昇率になりました。新型コロナウイルスの流行が一服し、地価が上がった地点は全国の半数を超えました。特に東京の銀座や新宿、大阪の梅田やミナミといった都市部の繁華街では、前年の下落から上昇に転じる地点が目立ってきました。

この公示地価の発表を受けた新聞の社説をみてみましょう（社説というのは新聞社の主張を明らかにする記事のことです。新聞各紙は様々な時事問題について毎日社説を掲載しています）。日本経済新聞の社説の見出しは「地価上昇の持続力を見極めよ」（3月24日付）。コロナ禍の出口がみえ、繁華街に人出がもどり、都市部を中心に地価が上昇する傾向を歓迎し

全国平均の地価の上昇・下落率推移

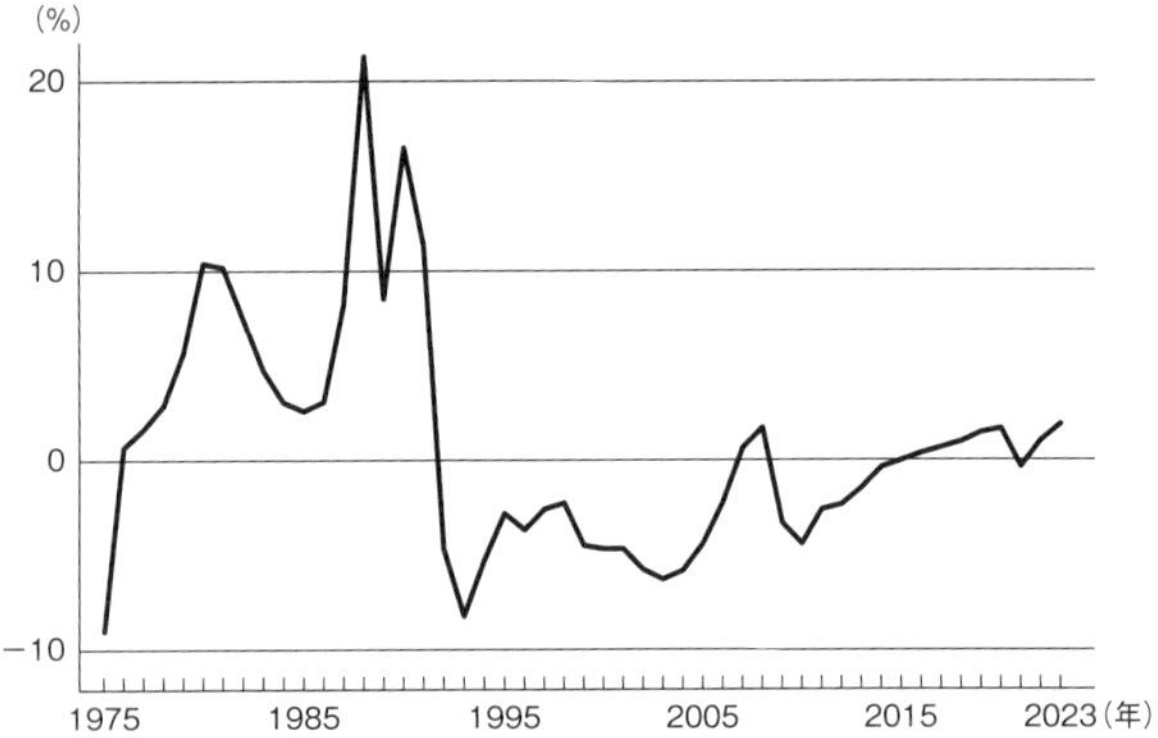

(注) 出所は国土交通省。全用途平均の前年比

つつ、金利の先高感や海外マネーの動向などその持続力を見極めたいという内容です。

読売新聞も「公示地価上昇、コロナ禍からの回復を着実に」(3月27日付)という見出しで、地価回復が都市部から地方に波及していることにふれ、安定的な地価の上昇を経済の底上げにつなげていきたいと指摘しています。産経新聞は「公示地価、コロナ禍の反動に警戒を」(3月25日付)と、実需に裏打ちされた地価上昇なら経済の活性化を期待できるが、思惑先行の急激な値上がりは実体経済に悪影響を与えかねないと警戒感を示しています。全体としては、概ね地価の上昇は歓迎しつつ、一部の投機的な上昇に警戒も示すといった論調が多いようです。

ところが、地価をめぐる議論は今から30年前は全く違ったものでした。公示地価がバブル期のピークをつけた1989～90年の各新聞の社説の見出しをみてみましょう。

「地方分散した地価高騰」(日経、1989年3月10日付)、「地価引き下げの足踏みは許されない」(日経、同5月17日付)、「地価高騰の分散は困る」(日経、90年3月23日付)、「土地神話を崩そう」(朝日、同3月24日付)、「地価対策に蛮勇をふるう時だ」(読売、同3月28日付)、「土地税制改革を地価対策の主役に」(日経、同4月4日付)。

各紙とも地価の高騰に強い懸念を示し、地価引き下げに政策を総動員するよう求めています。土地の急激な値上がりは、庶民がマイホームを手にする夢を打ち砕き、持てる者と持たざる者の格差を広げ、地上げなどによる乱開発が、経済の資源配分をゆがめているという批判が強まっていたのです。

政治もこうした世論に突き動かされて、地価対策に動きました。1989年、海部俊樹内閣は、異常な地価高騰に対処するための土地政策の基本理念を盛り込んだ「土地基本法」を制定しました。同法では「土地については、公共の福祉を優先させるものとする」とし、「土地は、投機的取引の対象とされてはならない」とはっきり示しました。この基本法の制定を受けて、政府は土地取引規制、税制、金融など様々な政策を総動員して、地価の引き下げに動き始めます。

地価対策はまず土地取引への届け出制など直接規制から始まりましたが、それでは投機がおさまらないため、しだいに劇薬ともいえる金融・税制による対策に踏み込んでいきました。その政策の企画・立案にあたったのは土地政策を主管する建設省や国土庁ではなく大蔵省(現在の財務省)でした。

劇薬だった総量規制

大蔵省が担当したのは金融面と税制面の対策です。そのなかでも地価引き下げに最も効果があったとされるのが、「不動産融資への総量規制」です。金融機関に対して不動産向け融資の伸びを総貸出の伸び率以下におさえることを求める行政指導です。この規制は1990年3月27日に、大蔵省銀行局が全国の金融機関に出した通達で始まりました。

当時、日本全国の銀行を監督する銀行局は絶大な力を持っていました。通達という紙一枚による行政指導で、銀行の行動に影響を与えることができたのです。

総量規制の威力は強烈でした。不動産取引には多額のお金が必要ですが、そのお金を提供している金融機関の蛇口をひねって閉めようとしたからです。全国銀行の不動産向け貸出残高の前年比伸び率は、総量規制が導入された1990年3月末は15・3％と総貸出の伸び率11・8％を上回っていましたが、その後は急速に鈍り、90年9月末には6・9％、12月末には3・4％、91年3月末には0・3％とほぼ伸びがゼロになりました。

「1990年3月に土地関連融資の抑制についての通達をしたが、かなり長い間悩んだ。投機的な土地取引につながる融資は抑えなければならないが、優良な宅地供給につながるものは頭から押さえてはならない。土地投機が盛り上がっていたので総量規制に踏み切った」

当時の大蔵省銀行局長だった土田正顕氏は、1996年の国会での参考人質疑で、総量規制の実施は苦渋の決断であったことを明かしています。

総量規制は1973年に列島改造ブームで地価が高騰した時にも実施したことがあるのですが、80〜90年代は金融の自由化を進めている時期で、その旗を振ってきた土田氏には強い行政指導は時代に逆行するという思いもありました。

税制措置も動員

大蔵省が立案したもう一つの政策は土地税制です。土地基本法制定を受けて、政府は土地税制改革に動き出しました。土地の価格を下げるために、土地や家屋にかかる固定資産税を重くし、土地の譲渡所得の課税を強化するのと同時に、地価抑制を狙った新税「地価税」を導入したのです。

１９９２年に導入された「地価税」は一定以上の土地を持つ個人や法人を対象に課税するもので、税金で土地保有のコストを上げる、つまり土地を持ちにくくするための税金です。地価を引き下げるという国家の意思を明確にする新税でした。

バブル期以降の土地政策

1989年	土地基本法施行
1990年	不動産融資の総量規制導入
1991年	総量規制解除
1992年	地価税課税開始
	生活大国５か年計画
1996年	地価税税率引き下げ
1998年	地価税課税停止

筆者は１９９１年3月に大蔵省の記者クラブ（財政研究会）に配属になり、税制担当になりました。当時はちょうど地価税を導入する国会審議が大詰めの時で、5月に法案が成立した時には、主税局内には「一大事業を達成した」という雰囲気が漂っていました。主税局で

地価税を担当する主税一課長は後に日銀総裁になる黒田東彦氏でした。当時の取材は税金が中心だったので、あまり金融政策の話をした覚えはありません。この時は、土地バブルつぶしの税金を担当していた黒田氏が約20年後にデフレと戦う日銀総裁になるとは思いもよりませんでした。私はもちろん、黒田氏もそうだったでしょう。

当時の主税局長の尾崎護氏は、日本経済新聞の取材に地価税導入について「新税は嫌われて当然なのに、反対が少なかったのは国民的支持があったから」と振り返っています。

１９９０年３月の不動産融資総量規制、そして92年１月の地価税導入と大蔵省から「地価引き下げ」の劇薬が繰り出されましたが、すでにそのころには日本経済に大きく膨らんだバブルははじけ始めていたのです。

日経平均株価が３万８９１５円の最高値をつけたのが１９８９年末で、株価は90年に入り急落し、三大都市圏の商業地の公示地価は91年をピークに92年から下げ始めました。92年の地価税導入はまさに下がり始めた地価に追い打ちをかけるような形になったのです。ですが、当時はそれに気づいている人はほとんどいませんでした。

「年収の５倍でマイホームが持てるようにしよう」。１９９１年11月に発足した宮沢喜一内閣は国民の生活の質の向上を目指す「生活大国」を掲げ、高騰する地価対策にも取り組むことを表明しました。92年6月に閣議決定した「生活大国5か年計画」には、「平均年収の5倍程度を目安にした住宅確保」という政策も入っていました。

遅れる規制解除

後知恵で、土地バブルの崩壊は始まっていたのに、なぜ地価押し下げの政策を続けたのかと批判するのは簡単ですが、当時は地価は下落しても一時的との見方が多く、土地バブル再燃を警戒する意見が優勢だったのです。

新聞各紙の社説をみると、「地価対策の手綱を緩めるな」（毎日、91年3月26日付）、「土地対策の手をゆるめるな」（読売、同）、「再び地価高騰を起こさないために」（日経、92年3月27日付）といった具合です。

銀行の不動産融資の抑制に大きな効果を発揮した不動産融資の総量規制は、解除するまでに時間がかかりました。当時、日本銀行から大蔵省銀行局に出向し、同規制の解除にかかわった植村修一氏は著書『バブルと生きた男』（日本経済新聞出版）でその苦労を明らかにしています。植村氏は総量規制について「土地の高騰を何とかしろとの世論の大合唱に押され導入しましたが、もともと長くはやりたくない、やっても1年かという空気がありました」と証言しています。

土地バブルのピークは1991年で、そのころには不動産業界からは総量規制の解除を求める声があがり始め、大蔵省内でも検討作業が始まっていました。ところが不動産は株式のようにリアルタイムで客観的な価格情報がとれず、土地投機抑制を求める世論が強いなかで、解除は遅れ91年12月にずれこみました。

地価税の課税が始まったのも1992年とすでに土地価格が下がり始めてからで、土地バブル崩壊を促進する要因になりました。ただ、導入してからすぐに廃止というわけにはいかず、段階的に税率を下げたうえで、課税が停止されたのは、大型の金融破綻が相次ぎ資産デフレの深刻さが誰の目にも明らかになった98年のことでした。

情報開示があれば

ミサワホーム社長として不動産バブル発生と崩壊を目撃した三澤千代治氏は当時を次のよ

うに振り返っています。

「考えてみればバブルに踊ったのも、バブルが崩壊したのも、不動産の情報が閉鎖的で、不透明であり、適切な土地評価が行われなかったからなのです。情報開示が行われ、合理的評価システムがあれば、際限なく上がり続けたり、底なし沼のような下落も起こり得なかったはずなのです」（『三澤千代治の土地神話・土地新話』東洋経済新報社）。

1980年代末には、不動産市場の情報開示の遅れや土地担保に偏重した銀行融資などゆがんだ構造が放置されたままで、未曽有の土地バブルが起こりました。そして、それが崩壊し始めたところで、金融・税制面で強い地価引き下げ策を導入し、その解除も「土地バブル再燃」を警戒する世論もあって、遅れてしまったのです。

1980年代末から90年代初頭の日本では、空前の地価バブルが膨らむなかで、「地価を下げることに全力をあげるべきだ」という「正義」が日本を覆いました。地価高騰でマイホームの夢がついえた庶民、地上げ屋の被害にあった都心部で商店を営んでいた人々、マネーゲームの対象と化したゴルフ会員権やマンションへの投機を苦々しく思う人々——。

こうした人々の正義の怒りが「土地神話」つぶしを求める世論を巻き起こし、メディアが報道し、政府を突き動かし、地価つぶしの政策がとられました。ところが、地価が下がり始めても、その「正義」のバブルにブレーキがかからなくなり、政策のいきすぎが起こり、それが日本のバブル経済が崩壊した後の資産デフレの谷を深くしてしまったのではないでしょうか。

1990年のピークから2000年代初頭にかけて、日本の不動産の時価総額は1000兆円以上減少しました。これは日本の国内総生産（GDP）の2倍の水準です。

コラム　中国も日本と同じ轍を踏むのか

日本のバブル崩壊はずいぶん昔の話になってしまいましたが、今、お隣の中国でも不動産バブルが話題になっています。中国は日本のバブル発生と崩壊を詳細に研究し、日本の失敗の轍《てつ》を踏まないようにしようとしてきたと言われますが、最近は不動産バブル崩壊の兆しがあり、中国がバブル崩壊後の日本のようなデフレや長期停滞に入るのではないか、「日本化するのではないか」という見方も浮上しているのです。

中国の主要70都市の住宅価格の推移

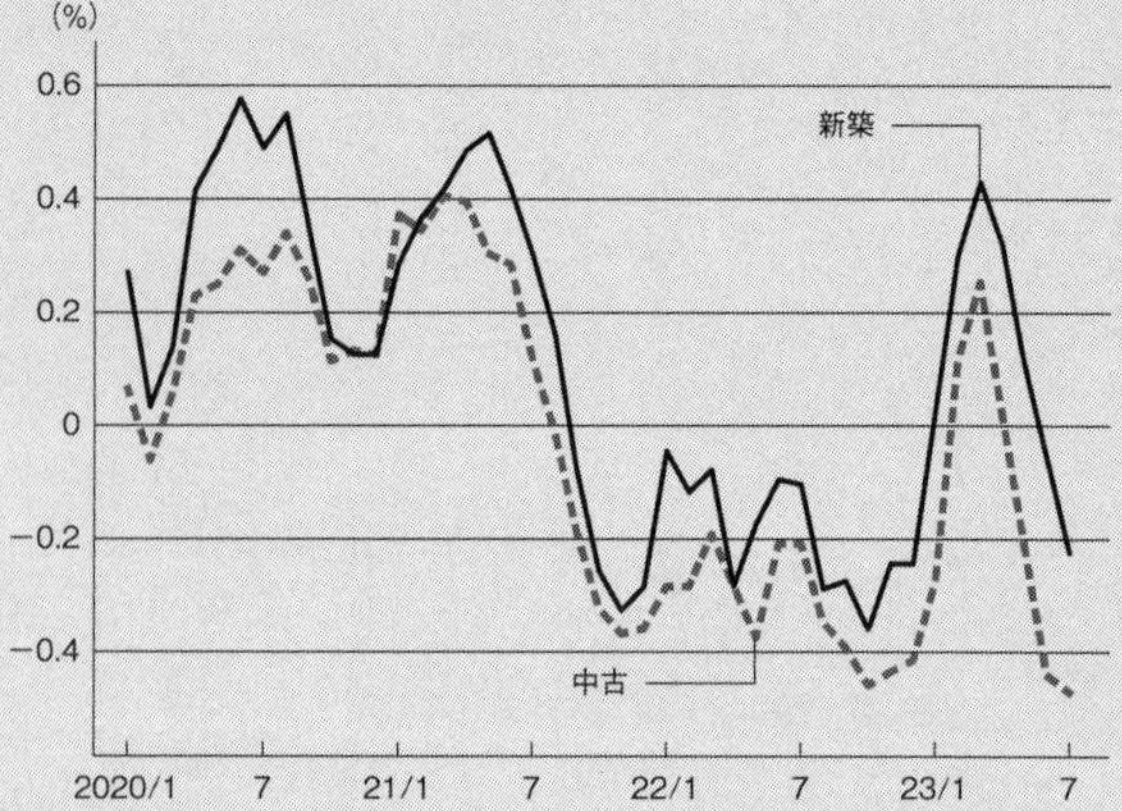

(注) 各都市の前月比変化率の単純平均
(出所) 中国国家統計局

中国は2008年のリーマン危機後に総額4兆元におよぶ大型の景気対策をとり、世界が大恐慌に陥るのを防いだと称賛されました。日本もかつて米国に迫る経済大国と言われていた1980年代後半、特に87年のブラックマンデーの米株価暴落後は、金融緩和と公共投資による財政刺激策で好景気を維持し、「世界経済のアンカー」と称賛されました。ところがその後、日本の株と土地バブルが大きく膨らみ、それが破裂したのは本章でみてきた通りです。

中国も大型景気対策でインフラ投資を増やした結果、不動産価格が急上昇しました。習近平（シー・ジンピン）国家主席も住宅価格高騰への国民の不満を和らげるために、金融の引き締め策に動きました。日本と同様に2021年1月には不動産融資への総量規制という対策もとりました。その結果、内需が減速し、23年7月の消費者物価指数（CPI）は2年5カ月ぶりに前年同月比で下落しました。8月には、不動産大手の中国恒大集団が米連邦破産法第15条適用を申請し、中国の不動産バブル崩壊に懸念が広がりました。世界第2位の中国経済の動向は世界経済に直結するだけに、中国の政策当局のかじ取りに注目が集まっています。

この本で解説しているように、バブル崩壊前後の日本では国民の世論が経済政策に大きな影響を及ぼしました。その過程で「正義」の議論がバブルのように膨らんで、政策のいきすぎが起きることもありました。中国は日本と政治体制が違いますが、習近平氏も国民世論を無視することはできず、それが中国の経済政策に及ぼす影響も注意してみておく必要があります。

「正義」のバブル

2

「銀行救済に税金投入はけしからん」

——平成バブル崩壊後の１９９０年代。
不良債権の山を抱えた銀行への世間の目は厳しさを増した。
その処理に公的資金を使うことには大反対の嵐が起こった。

「税金は投入しない」

「これは重要なことですが、納税者には損失負担は生じません。もう一度繰り返します。損失を納税者が負担することはありません。そのお金は銀行が預金保険の基金に支払った手数料からくるものです」

２０２３年3月13日月曜日の午前9時、カリフォルニアへの出張前にホワイトハウスで緊急演説に立ったバイデン米大統領はこう強調しました。

3月10日金曜日から12日の日曜日にかけて、米西海岸のハイテク産業の拠点にある米中堅銀行シリコンバレーバンク（ＳＶＢ）と、ニューヨーク州が地盤で暗号資産（仮想通貨）関連企業との取引が多いシグネチャー・バンクという2つの銀行が、急激な預金流出に見舞われて経営破綻しました。

多くのスタートアップ企業に融資するＳＶＢの経営悪化の情報はＳＮＳ（交流サイト）などでまたたくまに拡散されました。この結果、わずか1日で5兆円もの預金が流出する騒ぎになり、「デジタル・バンク・ラン（銀行取り付け）」と呼ばれました。シグネチャー・バン

バイデン米大統領は銀行破綻処理に税金は使わないと強調した。（2023年3月13日）＝AP/アフロ

クでもＳＶＢ破綻のニュースを受けて信用不安が飛び火し、多額の預金が逃げ出したのです。

米国の預金保険を運営する米連邦預金保険公社（ＦＤＩＣ）はいずれの銀行についても、保険対象外の預金も含めて全額を保護する例外措置をとることにしました。これは信用不安の拡大を抑えるための緊急措置です。

銀行を監督する米連邦準備理事会（ＦＲＢ）のパウエル議長は「預金取り付けのスピードは前例のないものだった。規制や監督を変える必要がある」と当局の対応に不備があったことを認めました。米国から始まった金融危機は、欧州にも飛び火し、日米欧の中央銀行はドル資金供給など緊急対応に追われることになりました。

バイデン大統領は、週末に起こった銀行の連鎖破綻について国民の不安をしずめるために、緊急演説に立ち、今回の破綻処理には税金は投入しないことを強調しました。「シリコンバレーの裕福な預金者を政府が救った」という批判が出ることを警戒したのでしょう。

SVBとシグネチャー・バンクの破綻処理は、民間金融機関が資金を拠出する預金保険の支援で行われました。その後に経営悪化が発覚した米中堅銀行のファースト・リパブリック・バンクは、大手銀行11行から預金支援を受けたうえで、他の地方銀行に救済買収されました。バイデン大統領が約束したように、いずれも公的資金は使われませんでした。

2008年の大手証券リーマン・ブラザース破綻で始まった世界金融危機の際は、米議会で議論が紛糾した末に、最後は公的資金を金融機関などに投入しましたが、国民には極めて不人気な政策でした。24年の大統領選で再選を目指すバイデン氏にとっては、選挙前に税金を使った金融破綻処理は絶対に避けたい選択肢だったのです。

金融危機は同じ顔?

私は米SVB危機の直後の2023年4月3日付の日本経済新聞朝刊のコラム「核心」で「繰り返す金融危機は同じ顔か」という記事を書きました。ここで、この30年の内外の金融危機に共通する光景として①危機は常に小さい問題から始まる②預金全額保護の攻防③公的資金の呪縛――の3点を指摘しました。

２００８年のリーマン・ショックにつながる米金融危機も最初は限定的とされた住宅ローンの焦げ付きから、日本のバブル崩壊時の危機もノンバンクや信用組合など小さな金融機関の経営危機という、金融システム全体からみれば「小さな問題」から始まりました。

「サブプライム（信用力の低い個人向け住宅融資）問題が住宅部門全体に及ぼす影響は限定的で、米経済や金融システムに大きく波及することはない」（バーナンキＦＲＢ議長、07年5月の講演）

「貸している金融機関自身も、ノンバンク問題に対応するだけの体力を持っている。ノンバンクが大変困ってきていることが日本の金融システム全体の動揺を招くことはない」（三重野康日銀総裁、１９９２年7月の記者会見）

当時の政策当局者の発言にもそれが表れています。

2番目の「預金者をどこまで保護するのか」というのも金融危機の際に繰り返される問題です。そして3番目の、公的資金（国民の税金）を使った金融危機の処理については、内外の金融史を振り返るといくつも例があるのですが、いずれも政策当局者にとっては難しい選択でした。とりわけ、それが重要な影響を及ぼしたのは日本のバブル崩壊後の金融破綻処理でした。

時計の針を四半世紀ほど前に戻します。

「住専国会」で封印された公的資金

1996年3月4日、小沢一郎氏が率いる野党第1党の新進党の議員たちが、国会の衆院予算委員会を開く第一委員室前で座り込みを始めました。「住専国会」の始まりでした。

住宅金融専門会社の破綻処理に6850億円の公的資金投入を盛り込んだ予算案に反対する座り込みは22日間続きました。最終的に橋本龍太郎首相と小沢新進党党首のトップ会談を経て国会審議は正常化しましたが、国会での座り込みという異例のパフォーマンスはテレビのニュース番組でも盛んに取り上げられました。バブル崩壊後の金融問題が初めて国民的な問題として意識される出来事になったのです。

後に海外でも「JUSEN」としてニュースになった「住専」は住宅金融専門会社の略称です。住専は1970年代以降に個人向けの住宅ローンを専門に扱う会社として、都市銀行

住専国会。座り込み戦術で徹底抗戦を続ける新進党議員。激励に訪れた羽田孜元首相（中央）（1996年3月11日）＝共同

など大手金融機関が母体となって設立されました。

ところが1980年代になると、住専の母体の大手銀行も個人向け住宅ローン業務に力を入れ始めたため、あおりを受けた住専は商業用の不動産開発への融資などに資金を振り向けざるを得なくなりました。この不動産融資がバブル崩壊で不良債権になり、住専の経営がいきづまったのです。母体の金融機関はその処理のために住専に貸し出した債権を帳消しにすることにしましたが、母体の大手銀行にさらに大きな負担を求める農林系金融機関との調整がつきませんでした。大蔵省が間に入った交渉も不調だったため、大蔵省は土壇場で農林系金融機関が負担できない6850億円を公的資金（税金）で埋めることにしたのです。

当時私は日本銀行の記者クラブで金融機関を担当していました。銀行では、政治家や大蔵省・日銀との折衝は、各銀行の企画担当役員が主に担っていました。住友銀行の当時の企画担当役員は後に頭取になり「ラストバンカー」の異名をとる西川善文氏で、私も当時よく取材しました。なかなか進まない不良債権処理に、西川氏がいら立っていたのを覚えています。

バブル崩壊後の銀行不良債権の急増で、いずれは公的資金投入が必要になるのではないかという議論は専門家の間では早くから出ていました。経済通の宮沢喜一首相は、1992年8月に金融システム不安から株価が急落したのをみて「必要なら公的援助をすることもやぶさかではない」と公的資金活用を示唆したことがあります。ところが、当時は産業界から「給料の高い銀行をなんで公的資金で救うのか」と反発が起こました。西川氏の回顧録『ザ・ラストバンカー』（講談社）によると、この時に宮沢氏は軽井沢の別荘に、住友、三菱、第一勧業など大手行の頭取を呼んで、公的資金注入について内々に相談したところ、頭取は全員反対したそうです。当の銀行界も大蔵省も反対だったため、宮沢首相の公的資金構想はお蔵入りになってしまいました。

住専問題への公的資金投入はその禁を破ったことになるのです。

この処理は国民の大きな反発を招きました。当時はほとんどの人が知らなかった「住専」という特殊な金融会社の処理になぜ税金を使う必要があるのかということを、政治家も大蔵省もうまく説明できなかったのです。その結果、国民の怒りは、バブルに踊った金融機関やそれをしっかり監督できなかった大蔵省に向かいました。こうした世論を追い風に野党は、住専への公的資金投入に反対する国会での座り込みというパフォーマンスに出たわけです。

「住専国会」はバブル崩壊後の金融報道にとっても転機になりました。新聞社では金融問題は経済部の担当で、記事を書くのも経済部記者が中心でした。しかしこの住専国会をきっかけに政治部や社会部の記者も取材に参戦するようになりました。バブル崩壊後の不良債権の話が「政治問題」に、そして「社会問題」に発展していったのです。世の中の関心が高まり、複雑な金融問題がテレビのワイドショーや総合週刊誌でも頻繁にとりあげられるようになりました。専門的な金融問題の処理も衆人環視の大衆討議、劇場型になっていき、政策当局者も国民世論を従来以上に意識しなければならなくなりました。つまり「金融村」という特殊な世界の中での「密室処理」が難しくなってきたということです。

1990年代初頭にバブル経済がはじけた後も、95年ぐらいまでは、株価や地価は急落していても金融問題は大蔵省・日銀を頂点とする「金融村」というコップの中の嵐という感じでした。信用組合など個別の金融機関の経営破綻はありましたが、預金保険や日銀の特別融資による支援などでしのいでいたので、一般の国民は銀行に何か問題が起きているようだが、最後は大蔵省・日銀が何とかしてくれるだろうという感じでみていたのでしょう。

金融村の中で処理するということは、その外にいる人には迷惑をかけないということです。弱い金融機関が問題を抱えて経営がいきづまっても、強い金融機関が救済買収したり、共同して支援したり、金融機関が資金を出し合う預金保険機構の支援で問題をおさめるなど、いわゆる「護送船団方式」のやり方です。もちろん金融機関の預金者の預金に損失が発生することはありません。

ところが住専問題では、金融村の内々の処理ができなくなったのです。これは農林系金融機関という「異物」が住専に貸し込んだ金融機関の中に入っていたからです。農林系金融機関は、金融機関ではありますが、農協を束ねる組織なので、大蔵省と農水省の共管で農林族議員の影響も強く、政治的な発言力は絶大でした。農林系金融機関が金融村の「掟」でもある奉加帳への資金を全額負担できないので、その穴埋めを税金でやることになったというのが「住専問題」の本質です。6850億円というとその後の不良債権処理に費やした金額に比べれば少額ですが、この税金投入がもたらした影響ははかりしれません。

大手銀行に批判

住専問題への公的資金投入をきっかけに、金融機関、とりわけ大手銀行への批判が強まりました。母体行として住宅金融専門会社に実質的に影響力を持って、不動産融資を紹介するなど、住専を別動隊として動かしているケースが多く発覚したからです。それだけ問題を起こしたのに銀行員の給料は依然として高くリストラが足りない、トップも誰も責任をとっていないといった批判が噴出したのです。1992年8月に宮沢首相に軽井沢に呼ばれた銀行頭取たちが心配したことが現実のものになったのです。

大蔵省銀行局長として住専問題への対応にあたった西村吉正氏は次のように振り返っています。

「住専問題の処理は、各方面から強い批判を浴びた。もともと人気のない銀行の起こした問題に対し、四面楚歌の大蔵省が主導して税金を投入するのであるから、国民の抵抗があるのは承知の上であった。そのような国民感情の風を受けて野党がここぞとばかり反対するのも目に見えていた。しかし、ある程度予想していたとはいえ、それをはるかに上回る激震に襲われることになった」（『金融行政の敗因』文春新書）

住専騒動は、政治家や金融当局者にとって大きなトラウマを残しました。国民の批判を恐れた政治家、金融当局、大手銀行の間では、その後、金融問題の処理には公的資金を使わないということが暗黙の了解になりました。それがバブルの後始末である不良債権処理の遅れを招き、経済低迷を長期化させてしまったのです。「金融機関の問題の後始末に血税投入は許せない」という「正義」のバブルが、日本のバブル崩壊後の不良債権処理を「問題先送り型」の長期戦に追い込んでいったのです。

戦後、銀行は日本の経済界で高い地位にありました。企業金融は、株式や社債などの直接金融よりも、銀行借り入れという間接金融が中心になっており、証券会社より銀行のほうが格上とみられてきました。メインバンクが融資を通じて企業の生殺与奪の権利を握っているといっても過言ではありませんでした。バブル崩壊後も、銀行は融資先の企業に強い影響力を持つ一方、バブル期は絶好調だった証券会社はバブル崩壊直後の損失補填《ほてん》事件などの不祥事でトップが相次ぎ辞任、リストラを迫られ勢いを失っていきました。

銀行はバブル崩壊後に、不良債権が膨らみましたが、その処理は期間のもうけ（業務純益）の範囲内で行い、決算は赤字にはしないことを基本にしていました。それで処理しきれない不良債権は関連会社に移したり、金利減免支援などで問題企業を延命させたりしてしのいできました。当初は銀行内でもいずれ担保にとった不動産の価格が持ち直せば問題は解決するという甘い期待もありました。

こうした楽観論が消えて、公的資金による不良債権処理が進み始めるのは、1997年に北海道拓殖銀行、98年に日本長期信用銀行など大手銀行が破綻し、誰がみても、政府の介入による処理が必要なことが白日のもとにさらされてからのことでした。

新聞論調も厳しく

新聞の社説の論調も銀行への公的資金投入には厳しいものがありました。

「公的資金投入、金融詐欺師の処罰が条件」（毎日、1997年11月22日付）、「『銀行救済』は取りのぞけ」（朝日、同12月17日付）、「銀行に重い公的資金への責任」（読売、98年3月7

日付)、「銀行は身を切る努力をしているか」(日経、同5月26日付)、「不良債権処理は銀行リストラが前提」(日経、同6月3日付)。

銀行の責任を追及する世論は、捜査当局を突き動かしました。1998年に一時国有化が決まった日本長期信用銀行や日本債券信用銀行では、相次いで旧経営陣が証券取引法違反や商法違反などの容疑で逮捕され、法廷に立たされました。裁判は長期化して最高裁まで進みましたが、2008~11年にかけていずれも逆転無罪が確定しました。

破綻して公的資金を受けた銀行への国民の怨嗟《えんさ》の声を受けて、捜査当局の破綻した銀行の経営陣への責任追及は「国策捜査」の様相を強めました。かなり強引な供述誘導もあったようです。公的資金で一時国有化された2行のトップの逮捕は、他の銀行経営者にも大きなショックを与えました。

結局、その後も公的資金を使った不良債権処理は小出しになり、大手銀行の不良債権処理が最終的に完了するのは2005年ごろまでかかることになりました。長銀、日債銀の国有化からさらに7年近くの時間を要したのは、破綻銀行の経営者への苛烈な責任追及も影響したのかもしれません。

「国策捜査」の銀行追及

私は、無実の罪で逮捕された日本長期信用銀行の大野木克信元頭取と日本債券信用銀行の窪田弘会長に取材で直接お会いしたことがありますが、お二人とも実直な印象で、悪だくみをするというタイプではありませんでした。

日本長期信用銀行頭取だった大野木氏は最高裁の逆転無罪判決から3年余りたった2011年に次のように振り返っています。

「行員やその家族、社会にも多大な迷惑をかけました。自白調書にサインしたのは、違法とか違法じゃないとかそういうことに関係なく、処罰を甘んじて受け入れることが失敗した頭取の責任ではないかと一度は思ったからでした。ところが、保釈後に関係者の供述調書を読んでみると、検察シナリオに沿ってみんな金太郎あめみたいに同じことを言っている。証拠が山積みになっている感じではなかった」

「そもそも、プルーデンス政策（信用秩序維持政策）が不十分な時代、過渡期の時期に、検察が言っているような形で不良債権を処理する必要は必ずしもなかったことをきちんと主張しておかないと、どうもおかしなことになると思うようになりました。経営責任をどう果たすか。被告人の身では長銀の行員の再就職の世話ができるわけでもないし、彼らがその後に粉飾決算を犯した銀行の出身であると言われ、非常に不本意な思いをしているということも耳に入ってきました」

「経営の失敗への批判は甘んじて受け入れますが、行員たちの名誉、あるいは先輩たちが築き上げた名誉、法人としての旧長銀の名誉が傷つけられる事態は何としても避けたい。個人としては執行猶予が付けばそれで良し、という判断もあるかもしれないが、旧長銀の粉飾を認めることになる。最高裁まで戦った最大のインセンティブは、それでは名誉を回復できないということではなかったかと思います」

（2011年10月2日付日経ヴェリタス・吉次弘志編集部長とのインタビュー）

不良債権はバブル崩壊から長い間に積みあがり、処理を遅らせてきた負の遺産の山でした。それを経営破綻時の経営者だけに全部押し付けるのは酷な面もありました。責任はバブル期に融資をした経営陣にもあるはずです。国の公的資金を入れるにあたり、大手銀行のトップが誰か責任をとらなければ気がすまない、不景気で苦しむ国民も納得しない。大野木氏らは、そうした社会の空気のスケープゴートになったように思います。

対照的な日米の危機対応

日本のバブル崩壊後の金融危機と、2008年のリーマン・ブラザーズ破綻後の米国の金融危機——。政策当局の対応は対照的でした。リーマン破綻後の米当局の動きは速く、FRBは迅速に金融緩和に動き、財務省と協力して大手金融機関の資産査定、公的資金注入など、およそ1年で金融危機対応を終えました。

一方、日本の場合はこの章でみてきたように、1996年の「住専国会」を経て、97年の山一証券、北海道拓殖銀行の大型金融破綻後に公的資金の投入が始まりましたが、銀行と貸出先企業の整理など不良債権の最終処理にはバブル崩壊から10年以上の時間を費やすことになりました。

日米の危機対応を比較すると、日本は漸進的、米国は一気呵成《かせい》の処理と総括できるでしょう。ただ、日米ともに、金融危機の後遺症はそれぞれ異なる形で残ったと思います。

金融危機の処理は速かった米国ですが、社会に残った傷は癒えていません。その一因は金融危機の際の関係者の責任追及の甘さだと思います。リーマン危機の際も、危機を巻き起こした金融機関の幹部の多くは高額報酬をもらい続け、金融界首脳に司法の手は及びませんでした。一般庶民はウォール街の金融機関トップや、政策を決めたワシントンのエリート層に不信を抱き、それが2016年に既存の政治を否定するトランプ大統領が誕生する土壌となったと言えるでしょう。米国では「バブルに踊った金融経営者やそれを見逃した金融当局者の責任追及」という「正義」が十分に貫かれなかったとも言えるでしょう。

対照的に日本では、大手銀行首脳が「無実」の罪で逮捕され、金融機関や監督当局から自殺者を出すなど数々の悲劇が起こりました。銀行批判の過程で、一般産業に比べ高かった銀行員の給与も大幅に下がり、リストラも進みました。

「銀行への公的資金投入はけしからん」という「正義」のバブルが、銀行の責任追及に向かいリストラ圧力になり、時には無実の人々が逮捕されることもありましたが、それが国民の批判を和らげ、最後に公的資金投入やむなしと納得する道筋を開いたとも言えるでしょう。ただ、処理に時間をかける日本のやり方は、米国とは別の副作用をもたらしました。預金者保護や雇用維持など社会の安定を最優先した結果、米国のような大量失業は避けられましたが、多くの企業が新卒採用を抑えたため若年層は就職氷河期に苦しみ、非正規社員が増えて雇用の二極化が進みました。特にしわ寄せを受けた団塊ジュニア世代では、晩婚化と非婚化が進み、人口減少問題をより深刻にしてしまいました。

日米の金融危機から学びとれる教訓は、大きなバブルが膨らむのを放置して、それを破裂させると、当初の危機対応が終わった後も、長期間にわたり社会にひずみをもたらすということではないでしょうか。

コラム　不良債権処理と阪神タイガース

深刻な話が続いたのでここで一息。プロ野球、阪神タイガースの話を書きます。1995〜96年の住専破綻処理を取材していたところ、私は取材先の銀行関係者になぜか「タイガース・ファン」が多いのに気がつきました。

金融界で最も有名な「虎キチ」は元日銀総裁の福井俊彦氏でしょう。大阪出身でタイガース「こどもの会」のメンバーでもあった福井氏はタイガースを「心のふるさと」と評したこともあります。

2003年9月17日の日銀総裁記者会見では18年ぶりの阪神リーグ優勝の経済効果について聞かれ「私は冷静に経済効果を計算しているというわけではない。ただ、やはりなせば成るというか、人間は不可能なことに挑戦する。その実現可能性ということを強く人々の心に訴えたという効果は、非常に大きいというふうに判断している」と答えています。

もう一人有名なのは元りそな総研会長の國定浩一氏です。住専処理当時、國定氏は大和銀行の企画担当役員でした。大蔵省が銀行幹部を集めて住専への追加支援を要請した時に、密室での行政指導に一人反発して声をあげた熱血漢でした。國定氏は金融界を離れた後、「虎エコノミスト」と称して、タイガースに関する書籍など出版し活躍しました。

「ラストバンカー」の西川善文氏（元三井住友銀行頭取）も熱烈なタイガース・ファンでした。不良債権処理のストレスを吹き飛ばすかのように「六甲おろし」を熱唱する西川氏の姿はまだ忘れません。西川氏のもとで企画部長などをつとめた奥正之氏（三井住友フィナンシャルグループ名誉顧問）、國部毅氏（同会長）も阪神ファンです。

阪神タイガース順位グラフ

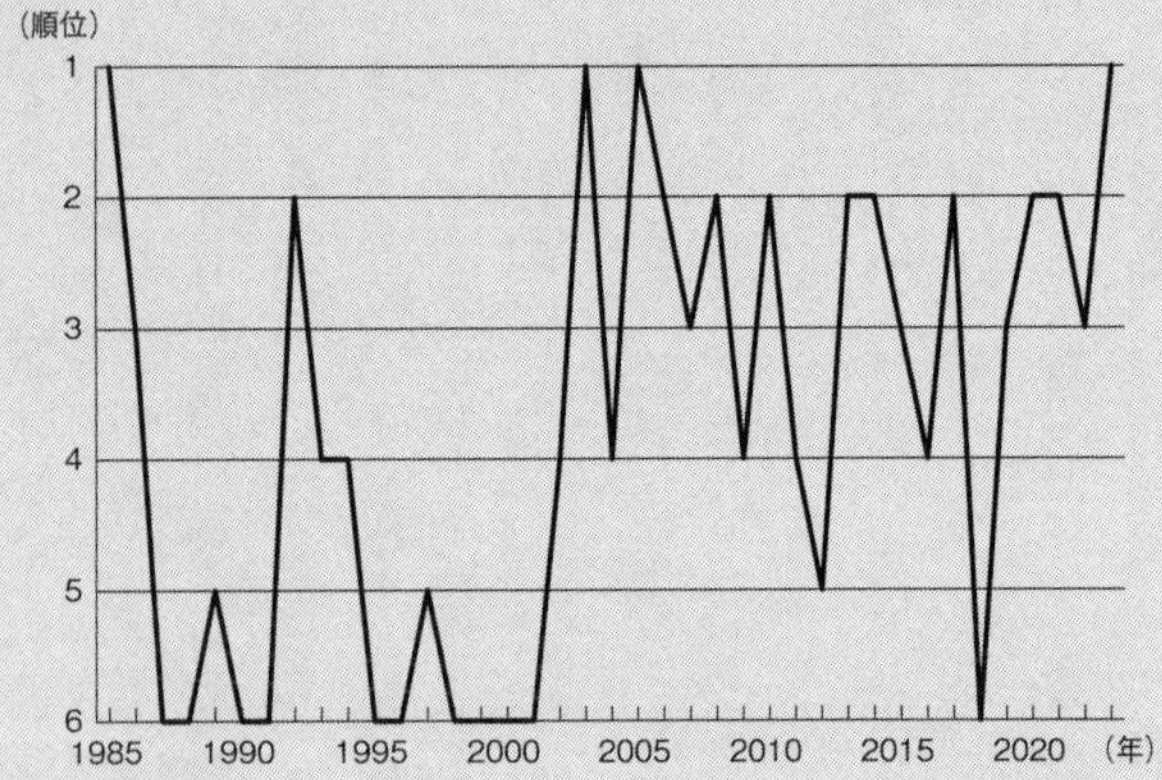

大阪が本拠の旧住友銀行に阪神ファンが多いのはわかるのですが、東京の旧三菱銀行にもいました。1995年に頭取として東京銀行との合併を決断した若井恒雄氏や、企画部が長く共同債権買取機構の設立など不良債権処理と格闘した田中正明氏（元三菱UFJフィナンシャル・グループ副社長）もタイガース・ファンです。

なぜバブル崩壊後の不良債権に取り組んだ面々に阪神ファンが多かったのでしょうか。プラザ合意のあった1985年にリーグ優勝したのを最後に、バブル崩壊後の90年代はタイガースにとって長い低迷時代でした。特に住専処理の決まった95年から2001年までの阪神のリーグ順位は最下位か5位という惨憺《さんたん》たる状況でした。

福井元日銀総裁がタイガース優勝を「不可能なことに挑戦する」と表現していましたが、私は金融界の阪神ファンに逆境の中で難題に挑戦する共通するスピリットのようなものを感じました。

タイガースは長い低迷を脱し、2003年と05年にリーグ優勝を果たします。05年は奇しくも大手銀行が不良債権処理を完了した年です。小泉純一郎政権の金融担当相として、不良債権処理を銀行に迫った竹中平蔵氏も阪神ファンだったのは因縁を感じます。

その05年から阪神は長らく優勝から遠ざかっていましたが、2023年には18年ぶりに優勝を飾りました。ちなみに私も関西出身ではありませんが、小学生のころからタイガース・ファンです。なぜ私がこのコラムが書いたのか読者はもうおわかりでしょう。

「正義」のバブル

3

「日本はものづくり国家、額に汗して働け」

――2000年代初頭、IT(情報技術)革命のもとで若手の起業家や投資家が登場した。

傍若無人とみえる異端児の登場に日本社会は冷たかった。

「デジタル敗戦」の日本

「デジタル敗戦を二度と繰り返してはならない。主要先進国に大きく後れを取っている我が国行政のデジタル化の遅れを取り戻したい」

岸田文雄首相は2023年8月4日の記者会見で「デジタル敗戦」という言葉を使って日本のデジタル化の遅れに強い危機感を示しました。個人情報が誤って登録されたマイナ保険証問題で国民の批判が強まるなかで、デジタル改革の重要性を強調するためだったようです。

「デジタル敗戦」とは、デジタル化で海外に大きく後れをとってしまったという意味で使われることが多いようです。20年からのコロナ禍では、多くの人々が日本のデジタル化の遅れを思い知らされました。コロナ禍で苦しむ個人や企業への、定額給付金や支援金の支給は遅れました。デジタルでの申請や給付の仕組みがなく、紙とペンに頼った事務作業だったからです。

政府が感染防止策として、鳴り物入りで開発した感染者との接触を確認するアプリ「COCOA（ココア）」は不具合が生じほとんど利用されませんでした。

使われなかった接触アプリCOCOA
＝日刊工業新聞/共同

コロナのワクチン接種はネット予約もできるようにしましたが、予約に時間がかかりイライラした人も多いでしょう。海外では円滑に進んだコロナ禍のもとでの行政サービスが、日本ではなかなか進まなかったのが厳しい現実でした。当時、自民党の政調会長だった岸田氏は「日本がデジタル後進国だったことに愕然《がくぜん》とした」と言います。

日本はこれまでデジタル改革で何もしてこなかったわけではありません。20年にわたり様々な政策を打ち出してきてはいたのです。

目標は最先端IT国家

２０００年7月、沖縄G8サミット（主要国首脳会議）が名護市の万国津梁館で開かれました。当時ワシントンに駐在していた私は、クリントン米大統領に同行するホワイトハウス記者団に交じってサミットを取材しました。沖縄出身の歌手の安室奈美恵さんが各国首脳を前に美声を披露したり、ロシアから就任直後のプーチン大統領が初参加したり、何かと話題の多いサミットでしたが議長国の日本はＩＴ（情報技術）革命を会議の主要テーマに掲げました。サミットではＩＴを「21世紀を形づくる最強の力の１つ」と位置付け、デジタル・ディバイド（格差）の解消に各国が取り組むことをうたった「ＩＴ憲章」を採択しました。

余談になりますが、ロシアは２０１３年まではサミットに参加していましたが、14年にウクライナ南部のクリミア半島を併合したのを機に、サミットから追放されて、Ｇ８はＧ７に戻ってしまいます。ここで始まったロシアと西側の対立は、２０２２年のウクライナ危機で決定的となります。

沖縄サミット議長をつとめた森喜朗首相は、有識者による「ＩＴ戦略会議」を立ち上げ、２００１年のＩＴ基本

政府のデジタル政策の変遷

2000年	IT基本法成立
2001年	e-Japan戦略
2006年	IT新改革戦略
2013年	世界最先端IT国家創造宣言
2018年	デジタル・ガバメント実行計画
2021年	デジタル改革関連法成立
	デジタル庁発足
2022年	デジタル田園都市構想総合戦略

法の施行にあわせて「e-Japan戦略」を策定しました。

同戦略は「5年以内に世界最先端のIT国家となることを目指す」として、「5年間で世界最高水準のインターネット網の整備」、2003年までに「国の全行政手続きのオンライン化」「行政のワンストップサービス実現」などと具体的な目標を明記しました。

この結果、ネット網の整備は2005年までに進み、国民がネットにアクセスしやすくなったのですが、肝心の行政のデジタル化は進みませんでした。

その後も政府は2006年に「IT新改革戦略」、13年に「世界最先端IT国家創造宣言」、18年には「デジタル・ガバメント実行計画」を策定。21年にはIT基本法に代わる「デジタル社会形成基本法」を制定し、司令塔としてデジタル庁が発足、岸田政権になった22年には「デジタル田園都市構想総合戦略」と、次々に政策パッケージを打ち出しました。23年9月の内閣改造では「デジタル行財政改革会議」を新設し、担当閣僚も任命しました。裏返せば20年たっても行政のデジタル化は進まず、世界最先端のIT国家にもなれなかったということです。

スイスの経営大学院IMDがまとめた2022年版の「世界デジタル競争力ランキング」

では日本は63カ国・地域中29位と過去最低でした。1位はデンマーク、2位は米国、アジアではシンガポールが4位、韓国が8位に入りました。

日本の項目別の評価は、「上級管理職の国際経験」「機会と危機への企業の即応力」「企業の俊敏性」「企業の意思決定でのビッグデータの活用度」の4項目で最下位でした。また、「デジタル・IT（情報技術）のスキルを持つ人材の豊富さ」では最下位のベネズエラの次に低い62位でした。まさに「デジタル敗戦」です。

台湾に学ぶ

行政のデジタル化が進み、コロナ禍をうまく乗り切ったとされるのが台湾です。2021年5月24日、私は、東京の日本記者クラブと台湾をオンラインで結び、唐鳳（オードリー・タン）デジタル発展部長（デジタル発展相）に話を聞く機会がありました。タン氏は16年5月に35歳の若さで現職に就いて以来、台湾のデジタル化を推進してきた人物です。

コロナ禍の際に台湾は、薬局やコンビニ店のマスク在庫情報を地図上に表示する「マスクマップ」アプリや、接触者追跡システムなどを短期間で実用化し、感染拡大を抑えることに成功しました。タン氏はその立役者ともいえます。

タン氏に、台湾のデジタル改革成功の秘訣を聞いたところ、印象に残ったのは、政府と民間の双方向による協力を重視しているということです。すべてを政府がやるのではなく民間の通信事業者の力も借りて、官民で連携してデジタル改革を進めるのです。そのためには政府が情報を開示し、市民の信頼を得る必要があることをタン氏は指摘していました。この話を聞いて、日本に欠けている点だと思いました。

英国ワクチン接種に陰の立役者

私は、2022年5月に2年半ぶりにスイスの山岳リゾート・ダボスで対面方式で開かれた世界経済フォーラム（WEF）の年次総会に参加しました。コロナ感染の拡大で、20年1月の年次総会を最後に、対面開催を見送っていましたが、ようやく再開したのです。この通称「ダボス会議」は例年は雪の積もる1月に開きますが、その時は変則的に初夏の開催となりました。世界の政財界リーダーなど約2500人が集結しました。

ここでも日本の「デジタル敗戦」を実感する出来事がありました。ダボスでは本会議場の周辺に、様々なグローバル企業が展示ブースを出します。その中に、マイクロソフト、グーグルなど有名企業と並んで、パランティア・テクノロジーズという聞きなれない会社の名前がありました。米コロラド州に本拠を置くデータ解析会社で、オンライン決済ペイパル創業者のピーター・ティール氏が２００３年に創業しました。01年の米同時テロで実行犯の情報を政府の各部門が入手していながら、情報連携の不足でテロを防げなかった教訓から、大きな組織内に分散したデータを解析して点と点をつなぐ分析ツールの開発に取り組んだのです。この技術は米国防総省、中央情報局（ＣＩＡ）、連邦捜査局（ＦＢＩ）のテロ掃討作戦や犯罪捜査に使われ、11年の国際テロ組織アルカイダのビンラディン容疑者の殺害にも威力を発揮したとされています。

パランティア社の特徴は取引先を米国とその同盟国の政府や企業に限定していることです。22年のロシアのウクライナ侵攻に端を発した危機でも、ウクライナ政府を全面支援しています。同社のアレックス・カープＣＥＯはダボス会議出席直後にウクライナを訪問し、ゼレンスキー大統領と会談しました。

「開戦後に初めてキーウ（キエフ）を訪れた最高経営責任者（ＣＥＯ）だ」。ウクライナのフョードロフ副首相は2022年6月2日にSNS（交流サイト）にその会談の写真を投稿しました。

パランティアのデータ解析は犯罪捜査や軍事だけでなく、大組織の業務改革にも威力を発揮します。私がダボスで同社の展示ブースを訪れた際に、説明を受けたのは英国の国民医療制度（NHS）のコロナワクチンの配布システムでした。全国に散らばったデータを解析し、ワクチン接種の優先順位や適切な手法を選び出すシステムの構築をパランティアが請け負ったのです。

英国と言えば、2020年3月に当時のジョンソン首相がコロナに感染して生死の境をさまよったり、厳しい行動規制を課していた時に首相官邸で仲間内のパーティーを開いてひんしゅくをかい、最後は辞任に追い込まれたりと、コロナ禍ではあまり良いイメージはありません。しかし、コロナ・ワクチン接種では成功をおさめていたのです。

英国は、2020年の新型コロナ流行初期に介護施設での対応が後手に回るなどして多数の死者を出しましたが、同年12月には世界に先駆けてワクチン接種を始め、比較的早く行動規制を解除し、脱コロナを実現しました。パランティアの話を聞いて、英国のワクチン接種の成功の陰に、こうしたデジタル技術の実装があったことを知りました。私は日本でもこうしたシステムがあれば、ワクチン接種をめぐる混乱は避けられたのではないかと思いました。

この例に限らず、コロナ禍やウクライナ危機、米中対立など世界情勢が不透明になるなかで、ビッグデータ解析などのデジタル技術は企業・政府・軍などあらゆる組織ですさまじいスピードで実装が進んでいます。最近の「マイナ保険証」騒ぎをみていると、これでは日本の「デジタル敗戦」は終わらないのではないかという危機感を覚えます。

ものづくり信仰の呪縛

私は日本でデジタル改革が進みにくい一因として、日本は「ものづくり国家」という成功体験への過剰な依存があるように思います。確かに戦後の日本の製造業の発展は目覚ましいものがあり、一時は日本の自動車、家電など「メードインジャパン（Made in Japan）」が世界の市場を席巻しました。これが「ものづくりこそ日本の神髄」といった考え方につながり、サービス、ソフトウェア、デジタルなどものづくりと縁遠い分野は軽視される傾向が強まったのではないかと思います。

どの国でも雇用吸収力が大きい製造業を大事にしようとはしています。米国も、もともとは自動車、家電など製造業大国でしたが20世紀末に日本やドイツなどの追い上げで製造業が衰退し、21世紀以降はＧＡＦＡなどＩＴプラットフォーマーに象徴されるデジタル大国として復活しました。その米国でも、政治的には製造業は重要視され続けており、トランプ前大統領やバイデン大統領も製造業の復活を掲げています。ただ、その基本姿勢は強いデジタルとものづくりを両立させようということでしょう。

日本の「ものづくり重視、ソフト軽視」は政府のＩＴ戦略にも表れています。政府が掲げた目標で、インターネット網の国内整備などハードのインフラ整備は迅速に進めました。一方で仕事のやり方なども含めソフトの変革が必要な行政や業務のデジタル化は遅れが目立ちます。日本はアニメ、漫画、ゲームなど世界で通用する素晴らしいソフト・コンテンツを持っているのに、それを産業化するのは、米国や韓国などに後れをとっている例が多くみられます。

米国も初期はバブル

米国にも迷いの時期はありました。私はちょうど米国がドット・コム・バブルあるいはITバブルと呼ばれた時期の1990年代末から2000年代初めにワシントンに駐在していました。95年にマイクロソフトが基本ソフト（OS）「ウィンドウズ95」を発売し、90年代後半には一気にインターネットが家庭に広がりました。ネット革命で生産性が大幅に向上し、米国は高成長を続けて、もはや景気後退は来ない「ニューエコノミー」に入ったという言説も飛び交いました。

インターネットの普及に伴い、様々な新しい企業やサービスが生まれたのもこのころです。書籍のネット販売から始まったアマゾン・ドット・コムが急成長しました。1990年代の終わりごろには、アマゾンと同じように会社名の最後に「ドット・コム」をつければ成功するとされ、のちにドット・コム・バブルとも言われる熱狂が起こります。

CEOは15歳

2000年1月3日付の日本経済新聞朝刊の1面に「CEO（最高経営責任者）は15歳」という記事が載りました。米バージニア州の全寮制高校に在籍しながらネット企業を立ち上げた「15歳のCEO」の話で、当時ワシントンで取材していた私が書いたものです。主人公は、子供のおもちゃのぬいぐるみのネット販売からスタートし、次々とネット起業を進めた少年です。いま考えると、ドット・コム・バブルの象徴のような話でした。

記事のさわりを紹介します。

> ワシントンから車で2時間。CEO（最高経営責任者）は、米バージニア州の田園地帯にある全寮制の名門男子高校ウッドベリー・フォレストにいた。キャメロン・ジョンソン君（15）。バスケットの大好きな普通の少年である。
>
> 彼の一日は午前6時、コンピューター教室で取引先の電子メールをチェックすることから始まる。「貴社への投資に興味があります」。この日はカリフォルニアのベンチャー

キャピタルから投資の打診が来ていた。

8時から授業に出た後、9時半の休み時間にニューヨーク株価の寄り付きをみてインターネットで保有株の売買指示を出す。「投資利回りはネット株中心に年300%以上だ」

授業が終わる午後5時からが本当のビジネスタイム。世界にメールを打ち事業計画を練る。7時半からは自習室で宿題。夜10時半には校則で消灯だ。「時間がほしい」と時々思う。

キャメロン君の起業は9歳のクリスマス。母からプレゼントされたパソコンであいさつ状のデザイン・印刷業を始めた。2年後にはぬいぐるみのネット販売に進出。州の営業免許も取り、事業として成功させる。1999年2月にはこの事業を売却、6月に迷惑メール受信を遮断するサービスの新会社マイ・イージー・メールを設立した。

設立後半年でサービスへの加入者は世界百五十カ国、一万人を突破。ホームページの広告スペースを売って五万ドルの利益も上げた。広告主にはデルコンピュータ、アマゾン・ドット・コムなどが名をつらねる。

「本当にびっくりしました」。最近、広告会社の担当者からメールを受け取った。「彼女は僕の年を知らなかったらしいんだ。取引先はだいたいそうだけどね」。ビジネスは経験だと考える人たちの常識を、15歳CEOはあっさりとつき崩す。

2000年はいくつかの事業を買収しフルタイムの従業員も雇う。「10代のトップのもとで働くことに戸惑う人も多いだろうな」。さすがに不安げのキャメロン君。「でも、学校の友達もすぐ同じようなことを始める。僕はその10年先を走る」といって、パソコンに向かった。

国籍も年齢も性別も問わないインターネット。世界でいつ、どんなライバルが現れるかわからないから、みんな先を急ぐ。

（2000年1月3日付日経新聞・「2000年地球人は〜CEOは15歳」）

この記事掲載で、キャメロン少年は日本ですっかり有名人になり、『15歳のCEO』（PHP研究所）という著書も出版しました。最近の彼のウェブサイトによると、その後は米国でも本を出版し、テレビ番組にも出演、ベンチャー企業への投資家としても活躍しました。現在は、曽祖父が創業したバージニア州の自動車ディーラーの会社を引き継いでいるということです。キャメロン少年は、ビル・ゲイツやスティーブ・ジョブズのようなIT業界の巨人にはなれなかったようですが、ビジネス界ではうまくやっているようです。

ヒルズ族登場

結局このドット・コム・バブルは2000年春に崩壊しました。ここからネット企業の淘汰が始まりました。注目すべきなのは、現在「GAFA」と呼ばれる巨大ITプラットフォーマー企業は、このドット・コム・バブル崩壊後に台頭してきたことです。アップルはご存知の通りパソコン黎明期に創業した企業ですが、ウィンドウズ革命の起こった1990年代後半は業績が低迷し、いったん離れていた共同創業者スティーブ・ジョブズ氏が社長として復帰し、今の地位を築くのは2000年以降のことです。98年創業のグーグル、04年創業のフェイスブックも同様です。ドット・コム・バブルでネット企業が淘汰されるなかで生き残った本物の企業が米国のデジタル革命を推進し、今の地位を築き上げたのです。

一方、日本は前述した「e-Japan戦略」などIT戦略に取り組み始めたのは米国のITバ

六本木ヒルズ=アフロ

ブルが崩壊した直後のことです。米国に5〜10年ほどおくれて日本でも1990年代末から2000年代初頭にはインターネット・ビジネスに参入する若者や企業が増えてきました。

ホリエモンこと堀江貴文氏が創業した会社を東証マザーズに上場したのが2000年、その4年後の04年にはライブドアに社名変更し、プロ野球球団やテレビ局の買収提案など派手な言動で名をはせるようになります。

三木谷浩史氏が創業した楽天が株式公開したのも2000年です。03年に開業した六本木ヒルズにはライブドアなどIT企業や投資ファンドが入居し、「ヒルズ族」という言葉も生まれました。古い日本のビジネス慣行にとらわれない若手起業家の台頭に、既存の大手日本企業の経営者の中には眉をひそめる人も少なくありませんでした。一方で、若い世代ではようやく日本も変わり始める、自分たちにもチャンスがめぐってきたと感じた人も多かったと思います。

「ウィニー」の悲劇

インターネットの技術革新でも日本には新しい才能が登場していました。

2023年3月に『Winny』という映画が公開されました。実話をもとにした映画で、主人公は東出昌大さんが演じる天才プログラマーの金子勇氏です。

金子氏は東京大学大学院情報理工学系研究科の助手だった2002年にファイル共有ソフト「ウィニー」をネット上に公開しました。ウィニーは端末同士がサーバーを介さずデータを直接やり取りするP2P（ピア・ツー・ピア）という今のブロックチェーンにもつながるデジタル時代を先取りする技術でした。しかし、利用者が違法にコピーされた映像や音楽のファイルをネットで共有する例が増えて社会問題化し、著作権法違反容疑の逮捕者が相次ぎました。金子氏はこの技術を開発して公開しただけですが、自身も04年に著作権法違反ほう

無罪判決で会見する金子勇さん（2009年10月8日）＝共同

助の疑いで逮捕されてしまいます。ソフト開発者自身が、ソフトが悪用されたことで罪を問われる異例の裁判に関係者の注目が集まりました。

映画や音楽の違法コピーの流出は、コンテンツ産業に重大な影響を与えます。著作権の保護は極めて重要な問題です。ただ、違法コピーのやり取りがしやすくなるからといって、その技術を開発した人まで罪に問われるのでしょうか。

裁判は２００６年の一審では有罪判決でしたが、09年には大阪高裁が逆転無罪判決を言い渡し、11年に最高裁で金子氏の無罪が確定しました。一審は、金子氏がウィニーが違法コピーに使われると知りながら提供したのは著作権法違反ほう助になる、という判断でした。

一方、二審ではファイル共有ソフト自体は中立的な技術であり、それを提供しただけではほう助罪にはならないという判断を示し、最高裁も同様に開発者を無罪としました。

最終的に無罪になったのですが、法廷闘争中の7年間、金子氏はプログラム開発に携わることを許されず、自らが作ったソフトのウィニーを改善することすら認められませんでした。

この裁判が日本のソフト開発者の活動に大きな影響を与えたのは想像に難くありません。自分が作成したソフトが第三者に悪用されると、自らも罰せられるとなれば、ソフト開発をためらうことになるからです。映画の中では、「ナイフが殺人に使われたからといって、ナイフを作った人が罪に問われるようなものではないか」というたとえ話が出てきます。そして、金子氏は無罪を勝ちとってプログラム開発に復帰しますが、２０１３年7月に病気のため42歳の若さでこの世を去ってしまいます。

「そんな横暴許してたら日本の技術者は誰も新しいことにチャレンジしなくなりますよ」。

これは映画の中で金子氏を支える弁護士が発した言葉です。

いきすぎた起業家たたき

ライブドアの堀江貴文氏をはじめヒルズ族と呼ばれる若者たちも挫折を味わいました。堀江氏の率いるライブドアや三木谷氏が創業した楽天グループがプロ野球球団の買収に動き、ＴＢＳ、ニッポン放送、フジテレビなどメディアの買収にも攻勢をかけ始めました。このころから、若手ＩＴ起業家たちに厳しい目がそそがれるようになりました。

時代の寵児となった堀江氏は、２００６年1月、証券取引法違反（有価証券報告書の虚偽記載、偽計・風説の流布）容疑で逮捕されてしまいます。堀江氏は、一貫して無罪を主張し続けましたが、約5年に及んだ裁判の末、11年に実刑判決が確定し、2年近く服役しました。

不正行為は許されることではありませんが、この事件が、日本のＩＴ起業家や投資ファンド経営者を萎縮させる一因になったのではないでしょうか。

ここで一連の事件への新聞の論調をみてみましょう。２００６年1月23日、堀江氏が証取法違反容疑で東京地検に逮捕された翌24日、主要各紙は社説を掲載しました。

「人の心はお金で買えぬ」（朝日）、「『すべてはカネ』が足をすくった」（毎日）、「あっけなくはがれた〝虚業〟の仮面」（読売）と厳しく断罪する見出しが並びました。

日経は「堀江社長逮捕が突きつけた課題」という見出しで「M＆A（企業の合併・買収）による成長で世間の耳目を集めた企業行動は『既存の法令や制度の不備を突き、抜け穴を利用する』だけでなく、そもそも規範意識がライブドア経営陣に欠けていた故の乱暴な行動だったとの感が深くなっている」と論じました。

堀江氏の逮捕からおよそ半年後の2006年6月、通産官僚出身でモノ言う株主として投資ファンドを運営し、堀江氏とも親しかった村上世彰氏が、ニッポン放送株をめぐるインサイダー取引事件で証券取引法違反の容疑で逮捕され、これも11年に有罪が確定しました。

村上氏逮捕を受けて、新聞各紙は社説で「〝プロ〟狂わせた市場原理主義」（読売）、「ファンド膨張の末に」（朝日）と村上ファンドの「暴走」を批判、日経は「村上代表逮捕を機に市場の規範確立を」という見出しで、「『モノ言う株主』として注目された村上代表は『企業統治改革で株主利益を高める』と理念を語ってきた。他の株主や投資家を踏み台にするインサイダー取引はその理念を裏切るものだ」と断じました。

村上氏が運営していた「村上ファンド」の問題はＩＴベンチャーとは無縁のような日本銀行にも飛び火します。当時の福井俊彦日銀総裁が、２００３年の総裁就任前の１９９９年に民間シンクタンクに在籍していた時代に村上氏の運営する投資ファンドに投資していたことが発覚したのです。国会で追及を受けた福井氏は、村上氏が旧通産省の官僚だった時代に出会い、日本のコーポレートガバナンス（企業統治）の改革の姿勢に共感し「役人を辞めて一人で頑張るという姿勢、意気込みを評価すべきだ」と支援のつもりでファンドに資金を拠出したと説明しました。福井氏の投資自体は当時の日銀の内規に違反するものではありませんでしたが、日銀総裁がマネーゲームに手を貸した道義的責任は避けられないなどと強い批判を浴びました。

私は取材を通じて福井氏の人となりを知っていますが、「投資は個人的な利殖目的ではなく、若い起業家の支援を通じて日本の企業統治の革新を促したかった」というのは本心だったのではないかと思います。福井氏が責任を追及される国会での質疑で「私自身は反省しなければならないかもしれないが、私は今後とも志ある若者をしっかりサポートしていくんだ、という精神だけは失わないつもりだ」と繰り返したのは印象的でした。

インサイダー取引など証券取引法違反は犯罪であり、公正な市場の取引を損ねるもので許されるものではありません。ただ、この一件が、IT起業家や投資ファンド全般へのネガティブなイメージを広げてしまったことは否めません。これで、やはり「日本人は実業で額に汗して働くべきだ」という「正義」にもとづく反省が広がり、その後の「デジタル敗戦」の原因の一つになったのではないかと私はみています。

東証もアクティビストに？

それから20年たって、日本の風景もかなり変わってきました。起業家やモノ言う株主をたたく風潮は、ライブドア事件や村上ファンド事件当時よりは薄れてきました。「PBR（株価純資産倍率）が1倍を割る企業は改善を」――。2023年3月、東京証券取引所のプライム市場とスタンダード市場に上場する企業に資本コストや市場での評価を意識し、特にPBRが1倍を下回る企業には、その要因を分析し改善のための具体策を開示するよう、異例の要請をしました。

PBRは、英語の「Price to Book-value Ratio」の頭文字をとったものです。株価

(Price)が、その企業が持つ純資産(Book-value)の何倍か(Ratio)でみる指標です。PBRは適正な株式価値を判断する際の物差しの一つとして使われています。

2023年3月末時点でPBRが1倍を割っている企業は約1800社で、プライム・スタンダード市場に上場する企業の5割を超えていました。PBRが1倍を下回るということは、理論上は企業を解散して純資産を分配したほうが株主は多くを得られると市場が評価していることを意味します。つまり株価が企業の解散価値を下回っているということです。その企業の成長性を、市場が認めていない証拠とも言えます。

日本企業は、巨額の手元資金を持っているのに、それを十分に成長に活かせていないという批判が根強くあります。稼いだお金を将来に向けた設備投資や人的投資、研究開発、企業買収に振り向けるなど、企業の成長戦略がみえないというのです。それができなければ自社株買いや配当で、余剰資金を株主に還元する必要があります。東証はこうした危機感から上場する企業に異例の警告を発したのです。

東証による企業への要請を受けて、市場では、日本企業の変革への期待が浮上し、日本の株価は上昇に転じました。しかし、この東証の要請は実は、20年前に前述の村上世彰氏らアクティビスト（モノ言う株主）が訴えてきたことと同じなのです。当時はなかなか理解を得られませんでしたが、最近は年金基金など日本の機関投資家にも、株主総会で株主価値の向上を求めるアクティビストの提案に賛同する動きも出てきました。

大学発ベンチャーようやく

東大を出て起業した堀江貴文氏や、東大大学院在籍中にウィニーを開発した金子勇氏に続く動きもようやく出てきました。

経済産業省がまとめた大学発ベンチャーの２０２２年度調査によると、学生が立ち上げたスタートアップ企業は22年10月時点で合計３７８２社。1年間の増加数は前回調査（４００社増）を上回り、過去最多の４７７社となりました。大学別ベンチャー企業数では東京大学が３７１社でトップ、次いで京都大学（２６７社）、慶応義塾大学（２３６社）となりました。

政府も２０２２年11月にまとめたスタートアップ育成5カ年計画で、「1研究大学あたり50社の起業」を目標に掲げました。

堀江氏は著書『我が闘争』（幻冬舎）で33歳だった逮捕時の夢を「体力も気力も充実して

大学発ベンチャーの設立年分布

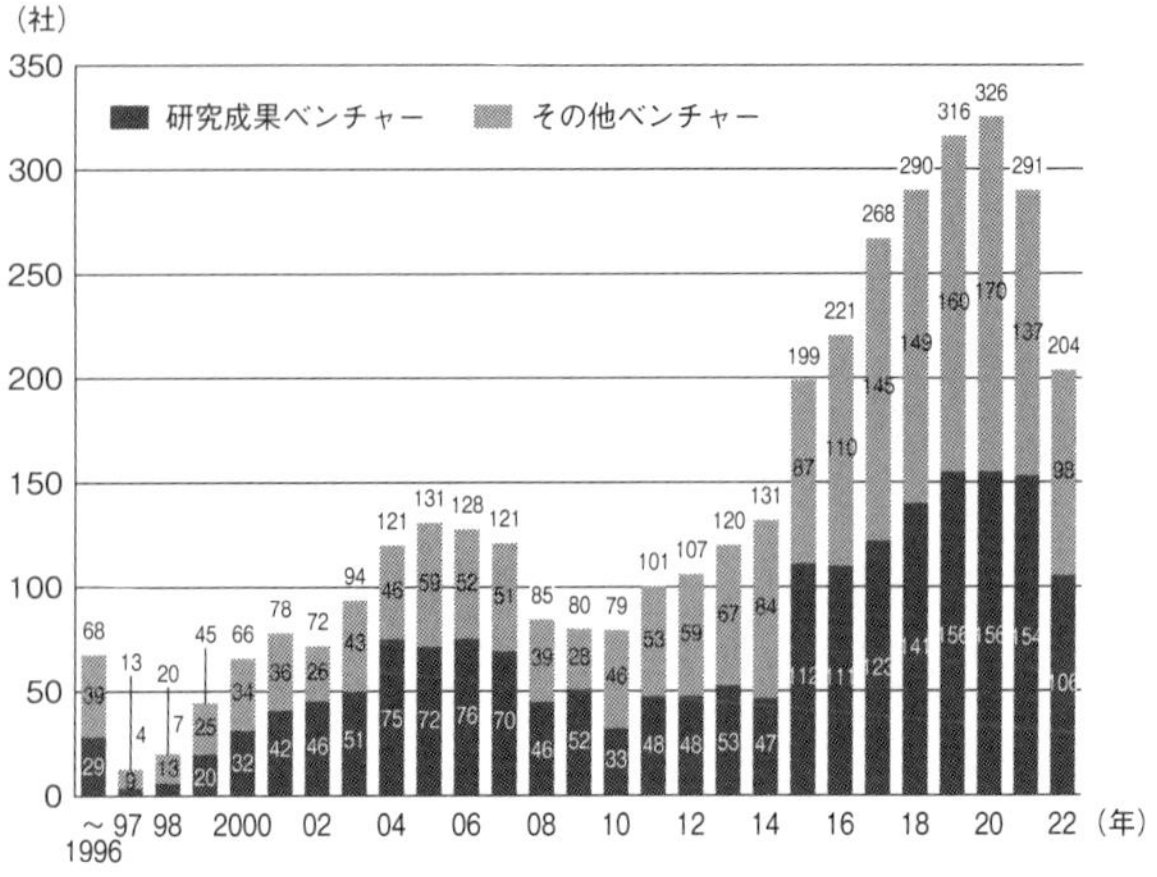

※各年、1月1日～12月31日で集計、2022年は10月末。
※設立年を確認して再集計しているため、過年度の数値から変化している箇所がある。

いる30代のうちに、世界一の会社という結果を出す。その後の僕はもう一つの夢である宇宙事業へと軸足を移していく予定だったのだ」と記しています。堀江氏はライブドア事件による逮捕、裁判、収監でその時間を失ってしまいましたが、現在増えている大学発スタートアップで、堀江氏の夢のように世界に挑戦する企業がどんどん出てきてほしいものです。ちなみに堀江氏（1972年生まれ）と同年代の米起業家イーロン・マスク氏（71年生まれ）は、30代だった2003年に電気自動車（EV）テスラ・モーターの創業に参画して成功をおさめ、23年には旧ツイッター（現X）を買収、宇宙事業のスペースXも業容を拡大しています。マスク氏は米誌フォーブスの2023年版の世界長者番付では2位で、推定資産は1800億ドルです。

ところで経産省の大学発ベンチャー調査に興味深いグラフがありました。「大学発ベンチャーの設立年分布」というもので、大学発ベンチャーの年ごとの設立数の推移を追ったものです。統計は1996年から始まり、ベンチャーの設立数は、2000年代初めから増え始め05年には131社に達します。しかし、翌06年から減少に転じ、10年には79社に減り、05年の水準を回復するのは14年で9年もかかりました。その後は着実に増え、20年には326社まで拡大しています（コロナの影響が出た21年は減少しました）。大学発ベンチャーの設立数が減少に転じた06年はちょうど堀江氏と村上氏が逮捕された年です。その後の08年のリーマン危機なども影響しているとは思いますが、二人の逮捕劇が学生の起業意欲に水を差した可能性もあります。

「ものづくり」再考のとき

「日本はものづくりの国だ」という「正義」も、デジタル・AI（人工知能）革命の時代には再考が必要になっていると思います。工場などをネットでつなぐIoT（Internet of Things）などで、ものづくりをする製造業もデジタル革命とはもはや無縁でいられません。象徴的なのはものづくりの代表業種ともいえる自動車産業です。

前述したイーロン・マスク氏が率いるテスラ・モーターは2003年に一から電気自動車（EV）に参入しましたが、今では世界のEV革命の先頭を走っています。EVでテスラを追い上げる中国の比亜迪（BYD）も新興企業です。

私は2016年10月にテスラのカリフォルニア州のフリーモント工場を視察する機会がありました。日米自動車摩擦が激しかった1980年代に、日米協力の象徴プロジェクトとして立ち上がったトヨタ自動車と米ゼネラル・モーターズ（GM）の旧合弁工場「NUMMI」の一部を、テスラが2010年に買い取ってEVの生産拠点としたのです。大きな車載バッテリーがむき出しになっている製造ラインなど当時はまだ珍しかったEVの生産工程を見学しました。

私は不明にもまさかそれからわずか7年で、テスラが世界のEV市場を席巻し、時価総額でトヨタ自動車を超す最大の自動車メーカーになるとは予想もしませんでした。

その時の出張では、グーグル社が開発していた自動運転車にも乗せてもらいました。一応運転席には人が座っていましたが、まったくハンドルには触らずに路上の障害物を察知しながら、自動的に運転する技術には感心しました。自動車業界にも新規参入が相次ぎ、ものづくりの世界も急激な変貌を遂げています。

1990年代後半から2000年代初頭はインターネットの登場による情報技術（IT）革命の時代でしたが、今はAIが脚光を浴び新たな技術革新の時代に入っています。90年代に米国のIT革命を主導したマイクロソフトの創業者ビル・ゲイツ氏は「AIの登場はインターネットに匹敵する」と言っています。

生成AIの登場で、教育や社会に与える悪影響を懸念する声もありますが、若い起業家のイノベーションを阻む方向にはいってほしくないと思います。技術革新の流れは避けられないもので、それを阻むのではなく、どうやってうまく使うかに知恵を絞るべきでしょう。米国のハリウッドなどでは、生成ＡＩが脚本家の仕事を奪うのではないかと警戒感が出ていますが、人口減少が進み人手不足に苦しむ日本では、むしろＡＩは人手不足を解決する大きな武器になるかもしれません。ＩＴ起業家やモノ言う株主をたたきすぎた２０００年代初頭の教訓を生かし、今回のＡＩ・デジタル革命には建設的に向きあっていくべきだと思います。

コラム　変身するビル・ゲイツ氏

コロナ禍の最中の２０２１年１月、私はマイクロソフト創業者のビル・ゲイツ氏にオンラインでインタビューする機会がありました。

ゲイツ氏は米ハーバード大学在学中の１９７５年に友人のポール・アレン氏とマイクロソフトを創業しました。コンピューターを動かす基本ソフト「ウィンドウズ」を開発し、１人が１台パソコンを持つネット社会を築いた人です。

２０００年にマイクロソフトの最高経営責任者（ＣＥＯ）を退くと、メリンダ夫人（21年に離婚）と慈善団体の「ビル＆メリンダ・ゲイツ財団」を創設し、08年からはフルタイムで医療や貧困対策など国際的な慈善事業に取り組んでいます。新型コロナ対策でも、途上国へのワクチン供給を支援する国際的枠組みを機能させるために、各国首脳に直接呼びかけています。かつてのIT業界の巨人は、今や一国の政府をも上回る力を持つ慈善事業の巨人に転身したのです。

オスロエネルギーフォーラムで会見するビル・ゲイツ氏（2023年2月14日）＝ロイター/アフロ

インタビューをしたのはちょうどゲイツ氏が地球温暖化対策の必要性を訴える著書を刊行した時でした。ゲイツ氏は、この問題に取り組むきっかけについて、保健衛生の慈善事業で世界を飛び回っていた時にアフリカで電力が足りずワクチン冷却もままならない状況を知り、「アフリカにまで電力を供給するには温暖化が大きな制約になることがわかった」と言います。

2023年6月に中国の習近平（シー・ジンピン）国家主席がゲイツ氏を北京に招いて歓待したように、ゲイツ氏は世界の首脳にも影響力を持っています。

温暖化対策の国際枠組み「パリ協定」が採択された2015年の国連気候変動枠組み条約締約国会議（COP21）の前に、ゲイツ氏は当時のオバマ米大統領やオランド仏大統領、インドのモディ首相と話し合い、「研究開発を含むイノベーションに焦点を当てる考えに行き着いた」と言います。

起業家らしく地球温暖化問題でも、技術革新を通じた打開を目指しています。その中核は環境に優しいバイオ燃料と通常燃料の価格差などを示すグリーンプレミアムの引き下げです。技術革新を通じてこの価格差を限りなくゼロに近づけるのが目標といいます。ゲイツ氏は環境問題に取り組むベンチャー企業に投資するファンドを立ち上げ、技術革新を促そうとしています。米アマゾン・ドット・コムのジェフ・ベゾス氏やソフトバンクの孫正義会長らとともに出資するベンチャーキャピタルは、多くの新エネルギー関連のスタートアップ企業に投資しています。

「バイデン政権は地球温暖化問題を政権の4つの優先事項の1つに加えて、多額の財政支出を約束している。私たちは研究開発費を超党派の支持で得ることができると思う。気候変動対策は長期投資なので、進んでは止まるということではなく超党派で進めることが重要だ。若い共和党員はこの問題に関心を持っている。環境関連の技術革新が雇用と起業を生み出す利点もある。この問題では現実的になり、党派的になるべきではない」

ゲイツ氏は日本への期待も示しました。

「日本の役割はイノベーションに貢献することだ。日本の自動車メーカーは電気自動車(EV)だけでなく、水素を燃料とする燃料電池車にも力を入れている。これは長距離を走行し重量が大きいトラックなどに有効かもしれない」

「今のところ、小型車については電池が有力なアプローチになりそうだが、水素の可能性も残っている。日本の研究開発の取り組みは非常に重要で、国際的に協調してエネルギー関連の研究開発予算を大幅に増やすべきだ。アイデアを持つ起業家への資金提供も増やしたい」

コロナ禍の感染拡大中は、ネット上では新型コロナウイルスワクチンをめぐる陰謀論や偽情報が横行、ゲイツ氏もその標的になりました。

「私が陰謀論の標的になるとは考えもしなかった。こうした偽情報で、人々がマスクをするのをやめたり、ワクチン接種を躊躇《ちゅうちょ》したりするのは残念なことだ」

「人々が、バカな陰謀論より真実に興味を持つようにしなければならない。我々は偽情報に人々が興味を持つというSNS（交流サイト）現象について、ややナイーブだったのかもしれない。『ビル・ゲイツがワクチンを使って、マイクロチップを人々に埋め込もうとしている』などという話が、一体どこから出たのだろうか」

20世紀末に自身が開発したパソコン用基本ソフト「ウィンドウズ」で世界を制覇し、ネット社会の扉を開いたゲイツ氏。その社会が進化した先のこの現象には、同氏も戸惑いを隠せないようでした。

米巨大IT企業トップから国際的な慈善事業家への転身。米国では成功者は慈善活動に回り、次の世代の支援に力を入れることが少なくありません。日本でも起業で成功した人々が社会貢献や次世代への支援などで尊敬される存在になれば、もっと世の中の起業家をみる目も変わってくるのではないでしょうか。

「正義」のバブル

4

「弱い中小企業は皆救うべきだ」

——裕福な大企業と虐げられた中小企業。
この構図のもとに日本の政策は
常に中小企業を弱者と位置づけてきた。

相次ぐ1億円への減資

新型コロナウイルスの感染が猛威を振るっていたころ、ちょっと変わった企業ニュースが相次ぎました。

「ＪＴＢ、1億円に減資へ」（日経電子版２０２１年2月23日）、「ロイヤルホテル、資本金1億円に減資へ」（同5月13日）、「はとバス、1億円に減資へ（同5月26日）、「1億円に減資、日本旅行も」（同11月11日）「ＨＩＳ、1億円に減資」（22年8月26日）。

資本金を減額して1億円にする大手企業が急に増えてきたのです。東京商工リサーチによると、２０２２年度（22年4月~23年3月）に資本金を1億円超から1億円以下に減資した企業は１２３５社で前年度の９５９社から約3割増えました。

なぜ「1億円」なのでしょうか。地方税の法人事業税の中に「外形標準課税」というものがあります。企業の業況や景気に左右されやすい事業所得ではなく、変動の少ない企業の資本金の額を基準に課税して、安定的な税収を得ようとする税金です。外形標準課税は赤字企業にもかかるのですが、資本金1億円以下の中小企業は課税が免除されています。２００４

年度に導入する際に、中小企業への配慮を求める声が多かったからです。

国税の法人税にも中小企業を優遇する措置があります。ある期の赤字を翌期以降の黒字と相殺し課税所得を減らせる仕組みがあります。この仕組みで資本金1億円以下の中小企業は所得の全額まで減らすことができますが、資本金が1億円を超える大企業は所得の半分までに制限されているのです。

コロナ禍で苦境に陥った旅行、外食などの大手企業は緊急避難措置として、資本金を1億円に減額して、税制上は「中小企業」になって税の負担を軽くしようとしたのです。地方税を所管する総務省の地方財政審議会はこうした節税目的の減資を問題視し、資本金以外の基準を取り入れるなど見直しの検討に入りました。

この奇策をとった企業は批判にさらされましたが、コロナ禍で急激に需要が消失した観光業や外食業などはそれだけ追い込まれていたわけで、同情すべき点もあります。

このニュースは企業を資本金など規模で切って優遇措置をとることの限界も浮き彫りにしました。資本金1億円以下でもコロナ禍のもとで利益をあげていた企業もいるはずです。1億円以下を中小企業として一律に優遇する今の制度に問題があるのではないでしょうか。

ほとんどが中小企業

さらに驚かされたのは、資本金1億円を超える大企業は直近の2020年度調査では1万9989社で、全法人に占める割合がわずか0・76%ということです。それ以外の99%強は中小企業以下ということです。しかも大企業の比率は、2006年度は2万9618社で全体の1・18%を占めていましたが年々減っています。日本では企業の大半を占める中小企業以下に様々な「優遇措置」をとっているのです。

1963年に中小企業基本法が制定され、日本の中小企業支援策は本格化しました。同法による中小企業の定義は、産業別に「製造業、建設業、運輸業その他の業種」は資本金3億円以下か従業員300人以下、「卸売業」は同1億円以下か同100人以下、「サービス業」は同5000万円以下か100人以下、「小売業」は同5000万円以下か同50人以下となっています。

2019年版の中小企業白書によると、1963年にできた中小企業基本法の基本理念は、「格差の是正」にありました。大企業と様々な面で格差がある中小企業をどう支援する

中小企業の定義

業　種	中小企業者（下記のいずれかを満たすこと）		小規模企業者
	資本金の額又は出資の総額	常時使用する従業員の数	常時使用する従業員の数
①製造業、建設業、運輸業、その他の業種（②～④を除く）	3億円以下	300人以下	20人以下
②卸売業	1億円以下	100人以下	5人以下
③サービス業	5,000万円以下	100人以下	5人以下
④小売業	5,000万円以下	50人以下	5人以下

（出所）中小企業庁

かというのが主眼でした。

当時は「経済の二重構造」という言葉もありました。日本経済には、近代的な大規模企業と前近代的で家族経営的な中小零細企業が併存しているという意味です。大企業と中小企業は賃金などの待遇格差が大きく、一国の中に先進国と途上国の二つの世界があるような構造なので、それを解消すべきだという議論です。この時から中小企業は常に弱者で、虐げられる存在と位置付けられ、保護すべきものだという「正義」の主張が多くされてきました。

製造業でも大企業の親会社に、第一次下請け、第二次下請けという「系列」の強固な企業ピラミッド構造が構築されていました。その構造の中で、下請けの中小企業は、親会社から常に価格引き下げを求められ、搾取されているという見方があったということです。終身雇用で福利厚生も充実した大企業に比べ、給与水準や福利厚生面で中小企業は劣っており、大企業の終身雇用・年功序列が強固になるなかで、いったん中小企業に入ると大企業に転職というのは難しい時代でした。

一律「弱者」でいいのか

2019年版の中小企業白書では、そうした大企業との「格差是正」という思想に基づいて行われてきた中小企業政策が、20世紀末の1999年の中小企業基本法改正時に変わったと説明しています。

新しい基本理念は「多様で活力のある中小企業者の育成・支援」です。「結果としての格差の存在は是認」という注釈もつけています。白書ではこの改正について、「中小企業を『弱者』として画一的なマイナスのイメージで捉えることは不適切であり、21世紀における中小企業は、機動性、柔軟性、創造性を発揮し、我が国経済の『ダイナミズム』の源泉と位置づけたと」と説明しています。しかし、中小企業基本法の改正から20年余りがたちますが、いまだに中小企業は保護すべき「弱者」と位置付けられているように感じます。

最低賃金上げは起爆剤？

2023年7月下旬、中央最低賃金審議会（厚生労働相の諮問機関）は23年度の最低賃金の目安を全国平均の時給で41円上げ1002円にすると決めました。上げ幅は過去最大で引き上げ率は4・3％に達し、最低賃金が初めて1000円台に乗りました。

「できる限り早期に全国平均1000円以上」の目標を政府が掲げたのは安倍晋三政権時の2010年代半ばのことです。政府の経済財政諮問会議などでも最低賃金の継続的引き上げが重要課題として議論されてきました。ところが、なかなか大幅引き上げは進みませんでした。最低賃金で多くの従業員を雇っている中小企業の経営者の抵抗が強かったためです。親会社から価格引き下げを求められる下請け企業や、賃上げ分を価格に転嫁できない中小企業の経営者は「最低賃金を上げると会社がつぶれてしまう」と主張しました。

元ゴールドマン・サックス証券アナリストのデービッド・アトキンソン氏は、長らく最低賃金引き上げを主張し、賃上げについてこられない中小企業の淘汰は避けられない、中小企業は統合でもっと規模を大きくしたり、生産性の低い企業から生産性の高い企業に雇用を移

最低賃金の推移（全国平均）

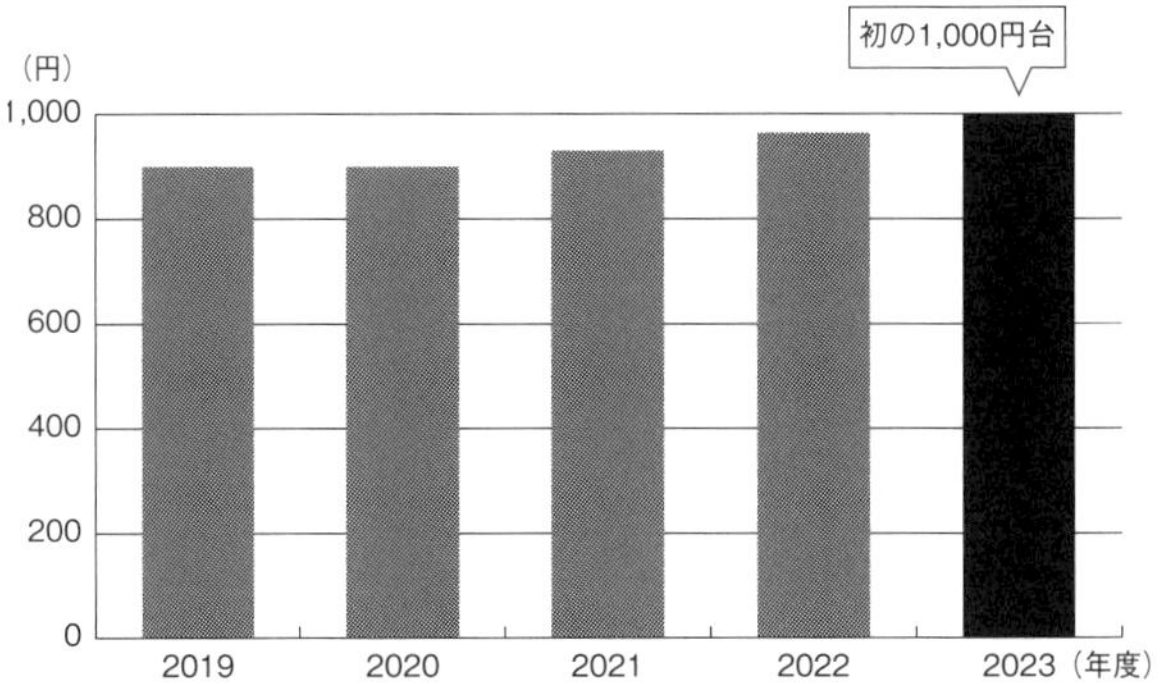

動したりすべきだという議論を展開しています。しかし、「中小企業＝弱者」という「正義」が定着する日本では、中小企業の淘汰につながる政策はなかなか支持を得られませんでした。

中小企業の団体である日本商工会議所は最低賃金の大幅引き上げには慎重で「賃上げは企業の生産性の向上の範囲内で」と主張してきました。この結果、「賃上げが先か、生産性向上が先か」という議論が延々と続いてきたわけですが、コロナ禍、ウクライナ危機後のインフレ進行で、最低賃金の議論も大きく変わりました。食料など日用品の物価高騰で最低賃金で働く人々の生活が苦しくなり、中小企業であっても従業員の待遇改善が重要になり、もはや最低賃金の引き上げは避けられないという声が「正義」になってきたからです。

インフレ分をどうやって賃金引き上げで埋めるかが注目された2023年の春季労使交渉（春闘）では大企業が相次いで大幅賃上げに動き、平均賃上げ率は3・58％と約30年ぶりの高水準になりました。その中で、政府が直接関与できる中小・零細企業の最低賃金も上げないと低賃金の労働者の生活がもたないだろうという見方が広がりました。

2023年5月15日の経済財政諮問会議では民間議員の新浪剛史サントリーホールディングス社長が、「5年後には最低賃金が1500円になるなど高い目標を掲げていただきたい。長いタイムスパンで道筋を示すことで予見性が高まる。ただ、中小企業が労務費をしっかり転嫁できる仕組みができていない。最低賃金の目標値を活用しながら、中小企業が労務費をしっかりと転嫁できるような仕組みを作っていくべきではないか」と提案しました。

有識者として招かれた東京大学の渡辺努教授も「日銀が賃金のフォワードガイダンス（政策の先行き指針）をさらに強化する、他方で、政府は夏に向けて行われる最低賃金の決定に積極的に取り組んでいく、こうした形で政府と日銀の協調が進められることが望ましい」と政府・日銀が賃上げの見通しを示すことが重要と指摘しました。

こうした提案を受けて、岸田文雄首相は2023年8月末、最低賃金について「2030年代半ばまでに1500円を目指す」と明言しました。ただ、新浪氏が「5年後」と言った目標が「2030年代半ば」では遅いという批判もあります。

最低賃金の引き上げ決定を受けて、帝国データバンクが2023年8月に発表した調査（回答1040社）では、企業の7割が賃上げを予定しているとの結果が出ました。最低賃金の大幅な引き上げで企業が対応を急ぐ姿勢が鮮明となっています。

調査では2023年度の最低賃金引き上げを受けた対応を聞いたところ、複数回答で「賃上げを行う（最低賃金よりも低くなるため）」が25％、「賃上げを行う（もともと最低賃金よりも高い）」が46・5％で、合わせて7割になりました。賃上げ以外では「商品やサービスの値上げ」との答えが21・3％、「人件費以外のコスト削減」との答えが19％でした。

最低賃金の議論ではさすがに、「中小企業の経営者よりも、インフレの直撃を受ける従業員こそ救うべきだ」という議論が「正義」になったわけですが、他の問題では、なお中小企業をどこまで救うべきかという議論は続きそうです。

「年収の壁」対策も一律助成金

賃金引き上げの議論に関連して、給与が一定額を超えると社会保険料が天引きされて手取りが減る「年収の壁」の問題も指摘されています。主に会社員の夫に扶養される専業主婦がパートで働く時に年収が一定額を超えると、年金や医療の社会保険料を負担しなくてはならなくなります。

例えば、従業員101人以上の企業では月収が8万8000円（年収換算でおよそ106万円）以上になった場合、社会保険料の負担が生じます。パートで働いている従業員は、この月収水準を超えないように働く時間を調整し、手取りの減少を回避する人が少なくないようです。

賃金を上げると、この「年収の壁」を超えてしまいそうな人が働く時間を調整して手取りが減らないようにするので、中小企業などで人手不足が深刻になると心配されているわけです。

政府は緊急対策として、雇用保険料を財源に3年程度の時限措置で1人あたり最大50万円の企業向け助成金の創設を決めました。

しかし「年収の壁」のより本質的な問題は、専業主婦などが配偶者の扶養に入っていれば保険料を払わずに老後の年金などの保障を受けられる「第3号被保険者制度」にあります。この制度は、1985年の年金制度改革で導入されたものです。当時は、会社員の妻で専業主婦の場合、国民年金への加入は任意でした。年金に加入していなかったり、加入期間の短かったりする専業主婦が、将来、低年金や無年金になるのを避けるために、厚生年金に入る夫が妻の保険料も負担しているとみなし、妻が基礎年金を受け取れるようにしたのです。専業主婦の「内助の功」に報いる措置とも説明されました。しかし、これは「昭和の価値観」であり、専業主婦が減り、夫婦ともにフルタイム勤務で働く世帯が増えている現在の状況にはなじまなくなってきています。

労働政策研究・研修機構によると、2022年の国内の夫婦がいる全世帯に占める専業主婦世帯の割合は29・9％と初めて3割を下回りました。この20年で専業主婦世帯は4割減って539万になる一方、共働き世帯は3割増えて1262万になっています。「昭和の働き方」にあわせた制度を、新しい時代にあったものにかえることが必要になっているのです。

消費税も中小配慮

2023年10月に導入になった消費税のインボイス制度をめぐる問題も、中小企業と深く関連しています。消費税の歴史は、中小企業優遇の歴史でもあります。1989年に消費税を導入した時は、国民の反対をおさえるために、中小・零細企業の負担軽減策がとりいれられました。

その一つが事業者免税点制度です。これは中小・零細企業の事務負担に配慮し売上高で一定規模以下の事業者には消費税の納税を免除する免税業者になることを認めたものです。この基準となる課税売上高は導入当初の「3000万円以下」から「1000万円以下」に引き下げられました。導入当初から免税制度のもとでは、消費者が払った消費税分が、国庫に入らずに免税事業者の手元に残ってしまう「益税」の問題が指摘されていました。しかし、「中小企業などの事務負担への配慮」の名目でお目こぼしされたのです。

今回導入になるインボイスは、日本語では「適格請求書」と呼ばれ、企業などが取引の際に発行する必要があります。インボイスは書式が決まっており、商品の金額のほか、消費税の正確な税率や税額などを記載します。税務署に登録した事業者の登録番号も明記し、一定期間保存しなければなりません。日本の消費税と同様の付加価値税（VAT）を導入している欧州では採用されている仕組みです。

日本でもいよいよインボイスを導入することになったのは、2019年に消費税が標準税率の10％と食料品などへの軽減税率8％の複数税率になり、正確な税率と税額の把握が必要になったからです。

中小企業は複雑な会計の事務処理をする余裕も能力もないという前提で特例をとってきたわけですが、近年は簡易な会計ソフトなど便利な手段が整ってきました。むしろ、インボイス導入を契機に、中小企業の会計事務処理のデジタル化が進むというメリットもあります。

事務負担への配慮は必要ですが、もっと早くインボイス制度を導入していれば中小企業のデジタル対応ももっと早く進み、日本経済全体で生産性は上がったかもしれません。主要先進国でいまだにファクスが業務で使われているのは日本ぐらいです。過度の中小企業への配慮が日本の産業の生産性向上を阻み、結果的に経済成長をさまたげる要因になってきた可能性があります。

景気対策や税制改革でも必ず中小企業への配慮が盛り込まれてきました。これは戦後の高度成長期を経て固定化した大企業を頂点とした産業システムの中ではある程度は必要だったのかもしれません。ですが、中小企業を一律に扱って保護する考え方が、産業の新陳代謝を遅らせ、古い産業構造を温存させることにつながったのではないでしょうか。「中小企業は弱者なので一律に保護しなければならない」という「正義」が、中小企業の成長力強化や技術革新の遅れにつながっているなら問題です。

ソニーもホンダ（本田技研工業）も終戦直後に創業し、町工場、中小企業から大企業に発展していきましたが、当時は国の優遇措置やサポートはあまりなかったことでしょう。戦後復興、高度成長期が終わり、経済・社会が安定し、社会保障など国民の福祉を充実させるなかで、企業社会でも既存の産業秩序を維持することに力を入れるようになっていったのではないでしょうか。不況期に従業員を解雇せず雇用を維持する企業に補助金を支給する「雇用調整助成金」など、企業の倒産をなるべくおさえて雇用を維持することで、社会の安全網の役割を政府ではなく企業に果たすよう促した面もあるのでしょう。

倒産急増でどうなる？

コロナ禍が収束し経済活動が正常化するとともに中小企業の倒産が急増しています。東京商工リサーチの調べによると、2023年上期（1～6月）の倒産件数は4042件と、前年同期に比べ3割増え、上期としては20年以来、3年ぶりの高水準になりました。

産業別では、資材費高騰が続く建設業が前年同期比36％増の785件、円安による輸入物価高が響く製造業が37％増の459件、燃料代が膨らんだ小売業は25％増の434件でした。

倒産企業に共通しているのが人手不足や物価高です。経済活動が正常化するなかで人手を確保できなかったり、給与水準が上がって採用できなかったりする例が増えたといいます。中小企業は大手企業に比べ、エネルギーや資材費高騰の転嫁も不十分です。コロナ禍の際に給付金や資金繰り支援で生き延びてきた企業も、人手不足や物価高の逆風下で淘汰の波にさらされているようです。

コロナ禍が終わって経済活動が再開してきたのに倒産が増えているのはなぜでしょうか。

企業倒産の推移

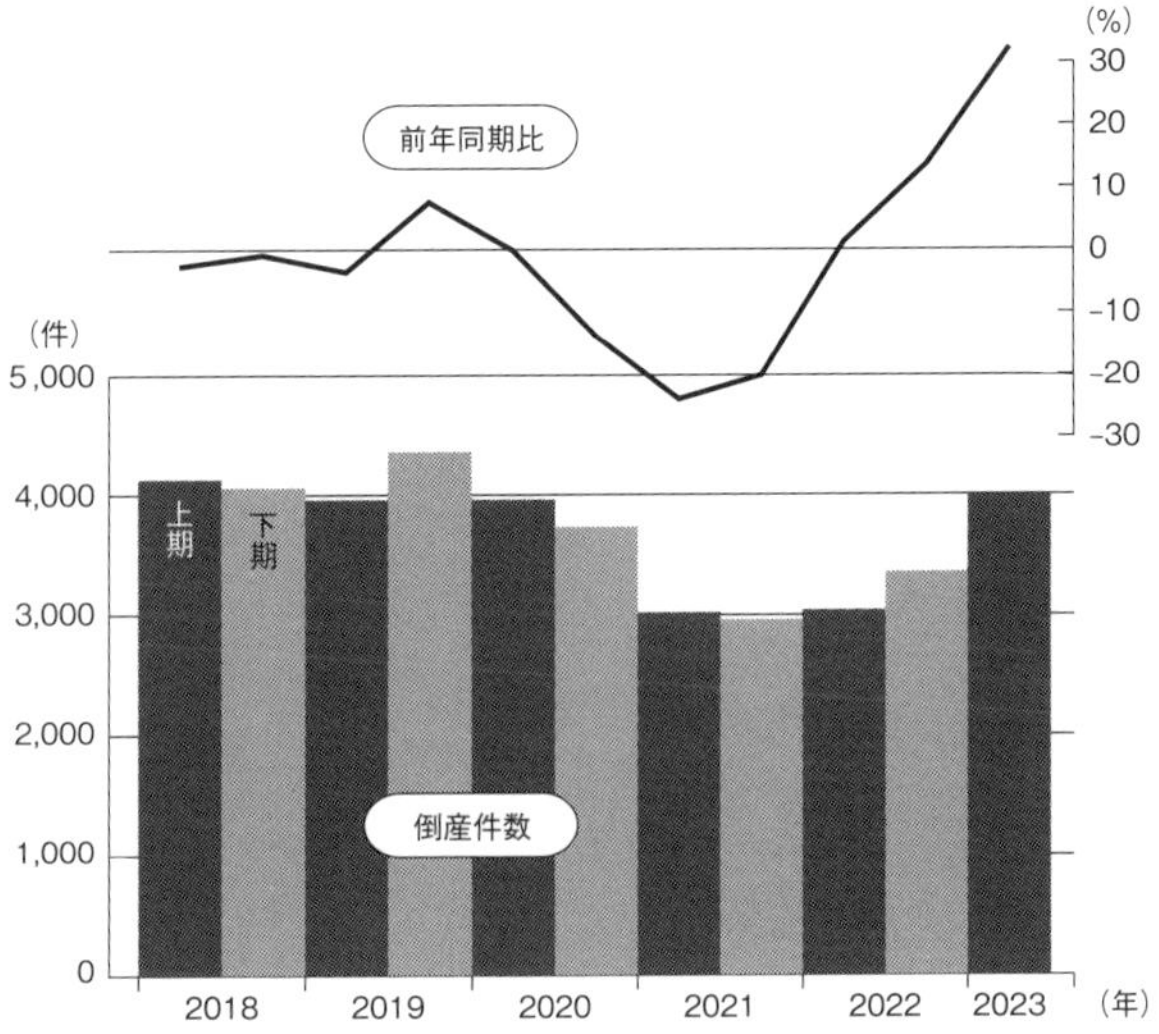

(出所) 東京商工リサーチ

コロナ禍前の年間倒産件数はおおむね８０００件前後でした。コロナ禍の２０２１～22年の倒産件数は以前より２０００件ほど倒産がおさえられていました。政府の給付金や実質無利子・無担保融資（ゼロゼロ融資）など手厚い中小企業支援があったためとみられています。倒産件数の急増のニュースは目を引きますが、よくみるとコロナ禍前の「通常の水準」に戻っただけとも言えるのです。

政府は追加支援に動いており、ゼロゼロ融資からの借り換えを促す制度を設けています。ただ、資金をばらまいてすべての事業者を救済する政策には限界があり、経営効率の引き上げを促す支援が重要になります。人口減少で人手不足が深刻になるなかで、働き手を成長分野に移すことも必要で、中小企業への向き合い方が問われています。

バブル崩壊後の景気対策や、コロナ禍への緊急対策でも中小企業の経営継続に重点が置かれました。雇用調整助成金など企業への支援を通じて雇用を維持し、事業持続への給付金やゼロゼロ融資も用意しました。未曽有の感染症大爆発で突如お客さんが消えた観光業界や飲食業界などに緊急支援が必要だったことは理解できます。問題は今後です。コロナ禍が収束し、インバウンド観光も急回復していますが、観光業界、飲食業界がすべてコロナ禍前に戻るわけではありません。新しい現実にあわせた、調整が必要になってくるでしょう。

会社ではなく人を守れ

中小企業への一律の支援は縮小し、時に事業を継続するのか退出するのかの選択を迫ることも必要になります。中小企業をつぶさないことを最優先するのではなく、会社はなくなっても従業員は別の成長する会社に円滑に移れる仕組みを考えることが大事です。シリコンバレーなどでは起業家は失敗しても何度も挑戦することで大きな成功を目指す文化がありま す。将来性のない企業を延命させるよりは、産業の新陳代謝を促し、中小企業もどんどん成長して大きくなれる社会を目指すべきではないでしょうか。起業を増やすとともに廃業も容易にしないといけません。銀行融資の際に経営者に個人保証を求める仕組みの見直しも必要でしょう。中小企業をめぐる常識を変えていくことが必要です。

中小企業保護は競争政策で

さて、ここまでは中小企業を一律に弱者として扱い、支援や保護を続けることへの疑問について書き連ねてきました。とはいっても、長年の日本の慣行から、中小・零細企業は力関係などで大企業との取引で不利な関係にあるという指摘もあります。「大企業の不当な圧力から中小企業を守れ」という「正義」もあります。私は中小企業がビジネスで不当な扱いを受けないような保護策は政府がしっかりとるべきだと思います。具体的には市場での公正な競争を監視する公正取引委員会の出番です。

2022年12月27日、公正取引委員会は、下請け企業などとの間で原燃料費や人件費などのコスト上昇分を取引価格に反映する協議をしなかったとして合計13の企業・団体の名前を公表しました。こうした行為は独占禁止法の「優越的地位の乱用」に該当する恐れがあると、異例の「社名公表」に踏み切ったのです。

ウクライナ危機や円安進行で、エネルギーや食料の価格が高騰していますが、立場の弱い中小企業は原燃料費や人件費の上昇分について取引先の大企業などに価格転嫁、つまり値上げを求めにくいという問題があります。

公取委は、下請け企業が価格転嫁を要請していなくても、立場の強い発注側企業が自発的に協議するよう求めました。物価高に苦しむ中小企業が価格転嫁を進めることで、自らの賃上げや投資ができるようにするためです。

公取委によると、２０２２年度に下請け業者への買いたたきや下請け代金の減額といった下請法違反で指導・勧告した件数は、前年度より７４５件増えて８６７１件と2年ぶりに過去最多を更新しました。公取委は22年12月に親事業者による下請法違反や優越的地位の乱用を監視する担当職員も増員しました。

中小企業を一律に支援・保護するのではなく、中小企業が大企業とも公正な競争をできるようにして、中小企業が強くなり、より大きな企業に飛躍できるようにすることが、日本全体の成長力を高め、働く人の所得を増やすことにつながるのではないでしょうか。

「正義」のバブル

5

「堕落した官僚は懲らしめろ」

――バブル崩壊後に露見した数々の官僚をめぐるスキャンダル。
政治主導の改革が進む中で、官僚バッシングは激しくなる一方、
霞が関を目指す若者も減っていった。

40年後の完全民営化

「日本電信電話（ＮＴＴ）を完全民営化すべきだ」。２０２３年6月、自民党内から、政府が3分の1を保有するＮＴＴ株式を売却し完全に民営化すべきだという議論が突如として浮上しました。きっかけは、日本の防衛費を国内総生産（ＧＤＰ）の２％に引き上げるための増税をなるべく少なくするための財源ねん出策の検討作業でした。

政府は２０２２年末、増額する防衛費のうち27年度以降は毎年1兆円強を法人税などの増税で確保すると決めました。ところが、自民党内では国民に不人気な増税の規模を圧縮するために、増税以外で財源の確保を求める声があがってきました。その方法として、税収の上振れ分の決算剰余金や為替介入に備える外国為替資金特別会計の剰余金の活用が候補になりましたが、その中で政府が3分の1を保有するＮＴＴの株式を放出することも選択肢としてあがったのです。

ところがこの問題は単に財源問題としてではなく、情報通信政策、官と民の関係を考えるうえで重要な論点がありました。ＮＴＴ法の見直し・撤廃問題です。ＮＴＴは１９８５年に国営の日本電信電話公社が民営化されて誕生した会社です。中曽根康弘政権の看板政策の一つで、政府保有のＮＴＴ株放出で空前の株式ブームが起こりました。

民営化の際にできたのが問題のＮＴＴ法ですが、当時は日本の電話網を独占していたＮＴＴの力を抑える色彩が強いものでした。ＮＴＴ法は政府が発行済み株式の3分の1以上を保有すると定め、事業計画の策定や変更は総務大臣の認可事項とするとともに、当時は主要な通信手段だった固定電話を全国でくまなく提供するユニバーサル・サービスを義務付けたのです。

しかし、民営化から40年近くがたち、ＮＴＴをめぐる状況は大きく変わってきました。インターネットの登場、スマホの普及、人工知能（ＡＩ）の革新、データと通信の融合などデジタル社会の到来とともに、米国の「ＧＡＦＡ」などＩＴプラットフォーマーが巨大な存在になり、ＮＴＴをはじめ日本企業は大きく後れをとってしまいました。

ＮＴＴ法には時代に合わなくなった項目があります。その一つが、固定電話の全国一律の提供義務です。民営化当初は、固定電話が一家に一台の時代で重要インフラでした。全国どこでも固定電話の通信網を引く義務を課したのは、電力・水道などと同じく固定電話網が不可欠なインフラだったからです。今では携帯電話は持っているが固定電話はないという人が増えています。

もう一つが研究開発成果の開示義務です。電電公社として技術開発で強大な力を持っていた時代に、その研究開発の成果は広く社会に還元されるべきものとして開示義務がもうけられました。ところが民間会社になって国際競争にもさらされているNTTが、ライバルの外国企業から情報開示の要求がきたらどうするのかという問題が生じているのです。

NTT法は、政府に大きな権限を残しており、NTTが総務省におうかがいを立てる慣行も残っています。NTTにはいまだに総務省を担当する部署があるといいます。民営化したにもかかわらず昭和時代の、官民の関係を残しているのが今のNTT法というわけです。今ではNTT法はさすがに時代遅れという感じがしますが、少し前までは霞が関では似たような光景があったのです。

「官尊民卑」から「公務員離れ」へ

「官尊民卑」という言葉があります。簡単に言えば、「官は民より偉い」ということです。

今ではほとんど使われなくなりましたが、昭和から平成の中ごろまでは実際に生きていたのではないでしょうか。霞が関の官僚が絶大な許認可権や行政指導の権限をもとに箸の上げ下ろしまで業界を指図するというイメージです。

日本の戦後復興・高度成長を主導する旧通産官僚の奮闘を描いた城山三郎の小説『官僚たちの夏』には、日本経済を動かすという強い自負を持って業界再編を主導し、政治家とも対峙する官僚たちが登場します。戦後に米国にキャッチアップするために官僚の強い指導のもとで、希少な資源を配分して経済を復興する過程では効果を発揮したこのシステムも、グローバル化、自由化の時代にはそぐわなくなってきました。そのひずみが表面化したのが、バブル経済が崩壊した平成時代でした。

かつて金融機関にＭＯＦ（モフ）担と呼ばれる仕事がありました。財務省が大蔵省という名だったころで、英語名 Ministry Of Finance の担当者という意味です。

筆者は28年前に日経の1面に連載した「規制に挑む」というシリーズ企画で「ＭＯＦ担が失業する日」（１９９5年3月26日付）という記事を書きました。さわりを引用します。

大手銀行の大蔵省担当、通称「MOF（ミニストリー・オブ・ファイナンス＝モフ）担」の高橋幸一（36、仮名）は着任早々大きな壁にぶつかった。

開発中の新型金融商品について、大蔵省の感触を探りに、勇んで銀行局に出向いた時のことだ。「他業態との関係はどうなっているんですか」と担当者の反応はよくない。とりあえず話は聞いてくれたが、その後返事が来ない。もう一度出向くと、「いろいろ忙しくて。もう少し待って下さい」とのらりくらり。そのうち半年、一年が過ぎ、担当者は人事異動で代わってしまった。一からやり直し。次の担当者も同じような調子で、結局新商品は立ち消えになった。

この一件以来、高橋の「御用聞き」の生活が始まった。一日二回は大蔵省に足を運び、徹底的に密着する。「〇〇先生の話、一応聞いてあげてくれないかな」「おたくへの就職希望、これだけきてるよ」――。銀行局の担当者から矢継ぎ早に注文を受けた。

バブル崩壊で資金繰りに窮した企業から政治家―大蔵省を通じて「話を聞いてやってくれ」とくる。融資は無理とわかっていても、企業に出向いて事情は聞く。そうすれば政治家、大蔵官僚の顔は立つ。「儀式」のようなものだが、MOF担の日常業務の一つだ。「大蔵のフトコロに飛び込むため、必死でした」と高橋は述懐する。
そのうち、銀行局からの依頼の質が変わってきた。政策への意見を求められたり、大臣や局長への説明資料の作成も頼まれるようになった。大蔵省との二人三脚。官僚とのやりとりや頼まれた内容からは、銀行局の関心事や政策の方向が見えてくる。「これがMOF担だ」。高橋はこう実感した。
規制でがんじがらめになった金融界のなかで他行に後れをとらないためには、銀行局担当者の一挙手一投足を探るMOF担が不可欠だった。大蔵省にとっても、民間銀行の動きを知るには都合のよい存在。「MOF担は規制行政の落とし子といわれるが、官民双方にとって効率的な仕組み」と都銀幹部はいう。しかしMOF担を通じた官民の連携は知らず知らずのうちに規制の温存に手を貸し、規制緩和を阻む要因になっていた。（中略）
金融の自由化、行政指導の透明化の中で、金融界のエリートMOF担にも、失業の危機が忍び寄っている。（中略）「官」は組織を守り権限を確保するのにきゅうきゅうとし、新しい時代にあった枠組み作りに目を向けない。規制社会にどっぷりつかった

「民」は官とのもたれあいに安住し、自己責任で新しいビジネスチャンスに挑もうとしない。官民の間に網の目のように広がった既成の秩序が、「規制保存の法則」となって日本の活路をふさぐ。

接待汚職事件の衝撃

ＭＯＦ担が社会的に大きな問題になったのが、それから3年後の1998年のことでした。銀行、証券、保険会社のＭＯＦ担による大蔵省幹部の過剰接待に批判が強まり、東京地検特捜部が大蔵省に家宅捜索に入り、職員から逮捕者を出す大事件に発展しました。

1997年に山一証券、北海道拓殖銀行など大型金融破綻が相次ぎ、金融機関への公的資金投入が本格的に議論されるようになり、大蔵省の金融行政の失敗があらわになりました。その原因の一つとされた「官民のもたれ合い」の象徴として糾弾されたのが、大蔵省と「ＭＯＦ担」の関係だったのです。

ＭＯＦ担は金融行政や政治全般にも通じた優秀な人が多く、金融取材をする筆者にとっても有力な取材先でした。この件でＭＯＦ担業界には激震が走りました。

明らかにいきすぎた接待があったのは事実ですが、当時はＭＯＦ担と監督官庁の大蔵省幹部が酒席を共にして意見交換するのは「通常業務」と考えられていました。それが突然「贈収賄」の疑いがあるとされ、大蔵省と金融界は震えあがりました。彼らからみると、「ゲームのルールが急に変わった」と映ったのです。

ＭＯＦ担は銀行では出世コースでした。人事異動で頻繁に担当が代わるキャリア官僚に金融の実態を教え、天下国家も論じながら行政を二人三脚で支えていると自負する人もいました。単に役所の御用聞きをしているだけでなく、官僚とともに日本の金融界の将来を考え政策の一翼を担っていると考える人も少なくなかったのです。

時代の変化はそれを許しませんでした。バブル崩壊後の金融機関への公的資金投入で、国民は大蔵省と銀行の関係に厳しい目を向けるようになったのです。官民の緊密な連携は、癒着、なれ合いと糾弾され、大蔵省、日銀、そして金融機関のエリートたちの人生も狂わせました。この接待事件を契機に、金融の「官と民」の関係は劇的に変わっていきます。

大蔵省から金融監督部局を分離してできた金融庁は、銀行に厳しく不良債権処理を迫りました。「金融処分庁」と皮肉る声もありましたが、当局と金融機関には一定の緊張感をもたらし、新たな官と民の関係を探る契機になりました。

忖度、文書改ざんの闇

それから20年、財務省と名を変えた役所が再び激震に見舞われました。今度は霞が関官僚が異口同音に「こんなことは通常あり得ない」と言う決裁文書の改ざん事件です。2017~18年の森友事件をめぐる財務省職員による文書改ざん。この問題では「安倍晋三首相への忖度《そんたく》があったのではないか」と国会でも追及が広がり、政治家と官僚の関係も大きな議論となりました。

「MOF担」事件で大蔵省と金融機関の「官と民」の問題が浮上すると同時に、「政と官」の問題も浮上しました。大蔵省を頂点とする霞が関の強大な権力構造は「大蔵支配」という言葉を生み、政治主導の必要性が叫ばれました。バブル崩壊後、政官財の鉄の三角形と言われた自民党一党支配下での官僚主導の政策運営の機能不全があらわになったのです。

政と官をめぐる改革は試行錯誤を重ねました。2001年の中央省庁改革では、首相が議長をつとめる経済財政諮問会議を創設、省庁縦割りから内閣主導の経済政策調整を目指しました。小泉純一郎政権はこの仕組みを駆使して官邸主導の改革を打ち出しました。

政と官の改革を公約に掲げて2009年に誕生した民主党政権は、政治家を霞が関に送り込み「政治家主導」の政策決定を実現しようとしました。しかし、官僚を排除しすぎたことで政策は停滞し失敗に終わりました。

再び自民党に政権が移り、再登板した安倍首相は「官僚はうまく使えばよい」と細部の政策は官僚に任せながら、内閣人事局を通じ幹部人事ににらみをきかせることで支配力を強めていきました。官邸一強で政策はそれなりに進んだ面はありましたが、それが官僚の過度な萎縮や忖度につながっているとの批判は根強くあります。

さらば霞が関

令和になって、官僚をめぐる別の深刻な問題も生じてきました。霞が関の人材不足です。人事院によると、2023年度の春の国家公務員総合職試験への申込者数は1万4372人と22年度に比べて6・2％（958人）減り、過去2番目に少ない水準に落ち込みまし

若手国家公務員（総合職）の退職者数の推移

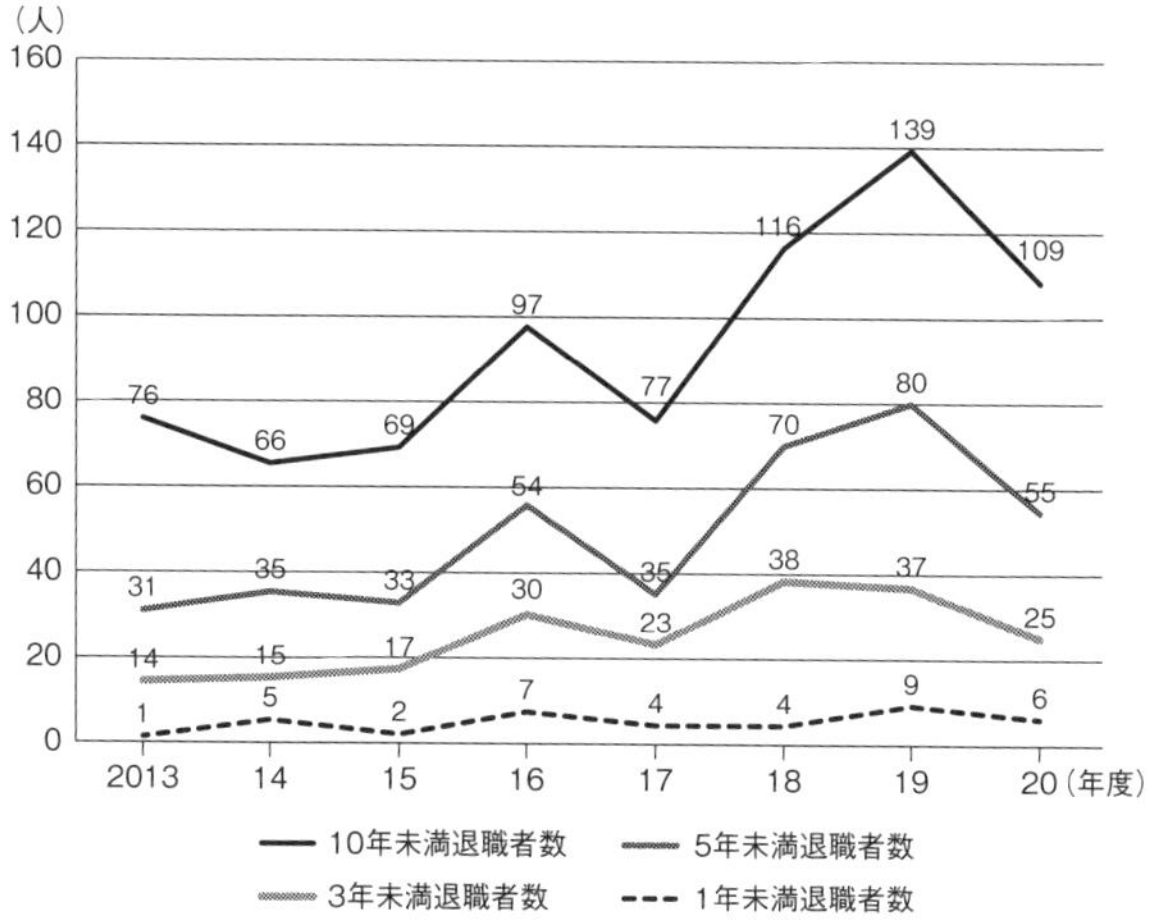

た。コロナ禍後の経済活動再開で民間企業の採用意欲が高まったこともありますが、公務員離れが進んでいます。

霞が関から脱出する官僚も増えています。人事院が2022年5月に初めて公表した若手キャリア官僚（総合職）の離職状況の調査によると、入省10年未満の退職者は18年度に100人を超え、19年度に139人、20年度も109人と3桁の数字が続いています。特に多いのが入省5年未満の離職者で、17年度に35人だったのが、19年度には80人に達しました。

官僚悪者論を超えて

前述した小説『官僚たちの夏』が刊行されたのは1975年。それから40年以上たった2019年、財務省出身で公務員制度改革にも関わった田中秀明・明治大学教授は『官僚たちの冬』（小学館新書）というタイトルの本を刊行、官僚機構の劣化に警鐘を鳴らしました。

公務員離れにはいくつかの理由があるようです。景気回復で民間企業の採用意欲が高まる一方、徹夜の国会答弁書作成など職場環境や待遇面で公務員は民間に見劣りします。政策決定で政治主導が進み、内閣人事局の発足で各省幹部人事への首相官邸の関与が強まり、官邸への「忖度《そんたく》」のいきすぎも指摘されています。『官僚たちの夏』の時のような官僚主導の経済に戻すというのは時代錯誤ですが、国家の政策立案を担う官僚のやりがいが損なわれて、国の政策を担う霞が関が空洞化してしまうのも困るのです。

霞が関でも働き方改革や国会議員からの質問取りの方法の見直しなどの改善策は出ていますが、公務員離れへの有効な対策はみえていません。一部の公務員のスキャンダルが、いきすぎた官僚バッシングにつながり、官僚の仕事を魅力のないものにしてしまっている面もあるのではないでしょうか。

川本人事院総裁の改革

人事院は内閣のもとで国家公務員の人事管理を担当する中立的な第三者・専門機関です。公務員の採用試験、任免の基準の設定、研修や、公務員の給与など勤務条件について国会や内閣に勧告するのが主な仕事です。霞が関の「人事・労務部」とも言うべき存在で、毎年、公務員の給与水準を決める人事院勧告、略して「人勧」がニュースになります。

人事院は2023年8月7日、23年度の国家公務員給与を大幅に引き上げるよう国会と内閣に勧告しました。国家公務員一般職の月給とボーナス（期末・勤勉手当）を2年連続で上げ、大卒と高卒の初任給を33年ぶりにともに1万円超増やすよう求めました。月給を平均3869円、ボーナスを0・1カ月分それぞれ上げ、これで年間給与は平均で3・3％増える計算です。ボーナスの年間支給額は4・5カ月分になります。

若手を中心に月例給やボーナスを増やし、初任給の増額や在宅勤務手当の新設も盛り込みました。過去5年の平均に比べ約10倍のベースアップになるといいます。

川本裕子人事院総裁（左）から勧告を受け取る岸田首相（2023年8月7日）＝共同

人事院では2021年6月に民間出身の川本裕子氏が総裁に就任し、公務員の働き方改革に取り組んでいます。川本氏は銀行や大手コンサルタント会社を経て、早稲田大学大学院で教鞭をとったり、多くの企業の社外取締役を務めたりして、民間企業の経営に精通しています。

2021年9月、日本記者クラブでの記者会見で、川本総裁のお話を聞く機会がありました。川本氏は霞が関の働き方改革について三つのポイントをあげました。

役人の働き方は「時間コストの概念が特に弱い」「女性は実績で、男性は可能性で判断されると言われてきたが、女性も可能性で評価されるべきだ」「上司からのフィードバック・カルチャーの確立」の三つです。人事院の取り組む改革には注目していきたいと思います。

安倍晋三氏の財務省嫌い

「財務官僚は、麻生さんによる説得という手段に加えて、谷垣禎一幹事長を担いで安倍政権批判を展開し、私を引きずり下ろそうと画策したのです」

「彼らは省益のためなら政権を倒すことも辞さない」

安倍晋三元首相が凶弾に倒れてから半年余りの2023年2月に刊行された『安倍晋三回顧録』（中央公論新社）は霞が関の官僚の間でも大きな話題になりました。これは14年秋に翌年の消費税率引き上げ延期を決断した時の話で、安倍氏の言葉の随所に財務省への不信感がにじみ出ています。「安倍さんが財務省の考えとあわないのはわかっていたがここまでとは」と驚く声もあがりました。

果たして安倍氏の言う倒閣運動はあったのでしょうか。財務次官経験者を含むOBや現役幹部に聞いてみた限りでは全否定でした。ただ、ある幹部は「倒閣ではないが安倍さんがそのような不安を持ったのではないかということはあった」と打ち明けます。

安倍政権で最初となる2014年4月の消費税率引き上げの前、政界に通じ豪腕で知られた香川俊介財務次官は、政府内で消費増税の延期論が浮上するなかで、現行法で定める税率上げの意義を与党関係者などに説いて回りました。

当時の菅義偉官房長官は香川氏を官邸に呼びました。「消費税の引き上げはしない。お前が引き上げで動くと政局になるから困る。あきらめてくれ」と菅氏は注意しました。これに香川氏は「長官、決まったことには必ず従います。これまでもそうしてきました。ですが、決まるまではやらせてください」と応じたといいます。これは退官直後の15年に病死した香川氏の追悼文集で菅氏が明かしたエピソードです。


安倍氏は回顧録で財政再建を財務省の「省益」ととらえているようですが、果たしてそうなのでしょうか。社会保障制度の維持や財政の健全化には高齢者も含めた幅広い世代で負担する消費増税が有力手段という意見は経済の専門家には少なくありません。経団連の十倉雅和会長も、少子化対策の財源として「消費税も当然議論の対象になる」と述べています。

安倍氏も首相時代には、消費税に抵抗感を持ちながらも結局、在任中に2回にわたり税率を引き上げ、5％から10％にしました。安倍氏は、財政を健全化する必要性は理解していましたが、政治的に不人気な消費税率をどう引き上げるか、政治カレンダーをながめながら悩んでいたのでしょう。

財政再建は「省益」か

ただ、国家財政の健全にすることを財務省の「省益」というのは違和感があります。財政が破綻して困るのは、財務省だけでなく日本の全国民だからです。財政のことばかり考えて、景気を無視するといった財政再建至上主義は問題ですが、コロナ禍後の財政支出の急拡大をみていると、放漫財政のほうが心配になります。

SNSなどでも、財務省の陰謀論のような話があふれています。政治家も長年、財務省を悪者にすることで、歳出削減や増税の説得を有権者や業界関係者にしてきた面もあります。ただ、このような「官僚バッシング」の手法もそろそろ見直していかないと、霞が関からの人材流出など負の影響が強くなるでしょう。

国家財政の問題は、財務省の省益ということではなく、日本の国家の存続、安全保障に直結する問題であるという共通認識を持って取り組んだほうがよいでしょう。

官僚の本質的な問題は、現状維持のバイアスが強く、改革するにしても漸進主義に陥りがちなことです。大きな改革を進めるには大胆な決断と実行力が必要で、これには国民に選ばれた政治家のリーダーシップがモノをいいます。政と官がそれぞれの強味をいかしながら連携することが重要なのです。

令和時代の官僚像を

新たな産業政策の時代と言われます。コロナ禍やウクライナ危機に伴う供給網の途絶や米中対立の激化で、経済安全保障の重要性が意識されるようになってきたことが背景にあります。半導体や脱炭素技術で、中国のような権威主義国家だけでなく、米欧も政府の補助金などを使い産業育成や技術開発支援に動いています。

世界の新たな現実を前に、官民連携が見直されているわけですが、官僚と族議員に政策立案をゆだねる「昭和モデル」への回帰が正解ではないでしょう。冒頭で紹介したＮＴＴ法など古い官民の関係が残る法律は改めるべきです。新たな「官僚支配」を始めるのではなく、21世紀にふさわしい新しい「政と官」の関係を構築する必要があります。官僚ともたれあうのではなく、官僚をたたきすぎるのでもなく、令和時代にふさわしい新たな国家公務員のあり方を考える時でしょう。

コラム　リボルバー官僚は日本を救うか

就職を目指す大学生の7割が将来の転職を考える時代といいます。ところが、霞が関ではいまだに入省年次が重要で、下積みから始めて次官を頂点とする出世レースを同期で競っています。民間企業が年功序列や終身雇用を見直し雇用改革を進めるなかで、このシステムはいかにも旧態依然としています。そこに変化の芽をもたらしているのが「出戻り官僚」です。

その先駆けが金融庁の政策立案総括官の堀本善雄氏です。１９９０年に旧大蔵省に入省、２００８年に外資系コンサルタント会社に転職しましたが、２０１３年に金融庁に復帰し、中枢業務を担っています。出戻り官僚の出世頭といっていいでしょう。

もともと弁護士や会計士など外部の金融専門家との官民交流が進んでいた金融庁は特別という声もありましたが、最近は他省庁にも出戻り組が出始めました。

２０１９年４月１日、山本慎一郎氏は中途採用で経産省に入省しました。２０００年に旧建設省に入った山本氏は入省13年目で霞が関を離れ、東日本大震災の復興支援ＮＰＯに転じ、被災地の現場に身を投じました。「同世代の人々が立ち上がるのをみて、何かしなければと思った」のです。山本氏はＮＰＯの仕事を６年続けた後、被災地で会った経産官僚の姿をみて霞が関への復帰を決断しました。「民間の経験は役所でも必ず役に立つ」と山本氏は話しています。外務省にも、外資系コンサルタント会社にいったんは転出した職員が復帰しています。若手官僚がベンチャーやＩＴ企業などに流出するなかで、即戦力の元官僚の再雇用もタブーではなくなってきているのです。

官僚を辞めた後でも公共性の高い仕事に関わる人もいます。２０１１年に６年勤めた経済産業省を退職した椊井誠一郎氏は、ＩＴ関連の起業に携わった後、18年に官民交流や共同企画を手掛ける会社を立ち上げました。省庁横断の若手官僚の改革グループの支援に動いています。

私は２０１９年４月に日経新聞に以上のような内容の「『出戻り官僚』がもたらす霞が関改革」という記事を書きました。

その後にこの取材に協力していただいた堀本氏を中心に、いったん官僚を辞めて民間に出てから再び霞が関に戻った人々の交流会が立ち上がりました。私も取材した経緯からオブザーバーとして参加したのですが、会の名前は何にしようという話になり、私は「リボルバーの会」を提案しました。リボルバー（Revolver）というのは、弾丸を再装填しなくても数発撃てる回転式拳銃のことですが、ビートルズのアルバムの名前としても有名です。米国では政府の公務員と民間の職を行ったり来たりすることを、リボルビング・ドア（回転扉）と呼びます。この連想から私は出戻り官僚を「リボルバー」と名付けたのです。その後、「出戻り官僚」「リボルバー」は他のメディアにも取り上げられるようになりました。

デジタル改革を優先課題に掲げた菅義偉首相の肝いりで2021年9月に発足したデジタル庁は、民間ＩＴ人材を広く募り、「リボルビング・ドア」を意識した体制にしました。霞が関では革新的な取り組みでしたが、マイナ保険証問題では、通常の省庁と異なり、プロジェクトごとにチームを組む体制だったことで、情報の把握が遅れたなどと指摘されました。官民の「リボルビング」を生かしながら、行政の効率化をどう進めていくのかという試行錯誤は続いています。

「正義」のバブル

6

「金融政策はあらゆる手段を」

——繰り返される円高と円安の波動。

為替・景気対策のために金融政策は常に総動員を求められてきた。その行き着いた先が異次元緩和だった。

私だったらやらなかった

2023年4月9日、日本銀行の総裁が10年ぶりに交代しました。黒田東彦氏に代わり、経済学者の植田和男氏が第32代総裁の椅子に座りました。植田新総裁は翌4月10日の記者会見で、基本的に黒田氏の金融政策を引き継ぐと表明しました。黒田氏は13年春に就任し「異次元緩和」を進め、安倍晋三政権が打ち出した経済政策「アベノミクス」の顔になった人です。安全運転と評された植田氏の就任会見ですが、私が興味深く聞いたのは黒田総裁時代の金融政策の評価についての次の発言でした。

「ひょっとしたら私が黒田総裁が就任された時期に仮に、やや危険なことを申し上げますが、総裁であったら決断できなかったかもしれないような思い切ったことをされた、決断をされて実行されたというふうに評価しております。それは、その時期、10年前の総裁として、一つの判断だったと思います。その結果は、これはもう今日、話がいくつか出ましたように、一方で残念ながらいくつかの外的なマイナスのショックがあったりしたこと、あるいはそれまでそこに至るまでの過程でのデフレやゼロインフレの経験が足を引っ張ったことなどがあ

就任記者会見に臨む植田和男日銀総裁（2023年4月10日）＝代表撮影/ロイター/アフロ

りまして、完全に2%の目標を達成する、しかも当初の2年でということは無理で、10年経ってもという結果ではあるわけですが。それでも、デフレでない状況を作り出して、私どもにバトンタッチして頂いたということは、非常にありがたいことだというふうに思っております。従いまして、そのバトンを受け取って、先ほどどなたかのご質問にありましたように、この5年間にできれば目標に到達するというようなことに全力を挙げたいと思いますし、その際に、思い切ったことをやったことに伴う副作用についても、配慮しながら様々な政策措置を取っていきたいというふうに考えてございます」

本人も「やや危険なことを申し上げますが…」と前置きしているように、もし10年前に自分が総裁だったらこれほど思い切った政策はとれなかっただろうという趣旨の発言をしているのです。つまり、意訳すれば「今の金融政策は行きがかり上、当面は続けるけれど、過去に戻れるなら、自分だったら『異次元緩和』はしなかった」ということでしょう。

「できることはすべてやる」

黒田総裁の退任から3カ月あまりたった7月31日、植田総裁が指摘した「黒田氏の10年前の決断」があった2013年の日銀政策決定会合の議事録が公表されました。

2013年4月3〜4日の両日にわたった決定会合の2日目、4日午前の討議のコーヒーブレークが終わった午前10時23分、金融政策運営の議論に入るにあたり、黒田新総裁が口火を切りました。

「私自身は、量・質ともにこれまでと次元の違う金融緩和を行う必要があると考えている。

黒田日銀総裁は異次元緩和を打ち出した（2013年4月4日）＝Photoshot/アフロ

また、分かりやすく情報発信することで市場や経済主体の期待を転換させる必要があると考えている。その際できることはすべてやる、すなわち戦力の逐次投入は避け、目標をできるだけ早期に実現するということを目指すべきであると思う」

「できることはすべてやる」。これは「2年で2％のインフレ目標を達成する」という黒田氏の強い意気込みを示す言葉でした。前任の白川方明総裁はこうした威勢のよい発言をすることを嫌う傾向が強く、日銀総裁の交代はまさに「白から黒」への転換という強い印象を内外の市場関係者に与えました。

私は黒田氏のこの言葉は欧州中央銀行（ECB）のマリオ・ドラギ前総裁に倣ったものだとみています。ギリシャに端を発したユーロ圏の債務危機がスペイン、イタリアなどに広がった2012年7月、ドラギ氏は「ユーロを守るためにあらゆる手段をとる用意がある」と宣言しました。その後、ドイツなど一部の国の反対にもかかわらずユーロ圏諸国の国債買い取りやマイナス金利など大胆な政策を進めて危機をおさめ、「ドラギ・マジック」「スーパー・マリオ」などと称賛されました。ドラギ氏はECB総裁退任後の21年2月、コロナ禍と政局混乱の中でイタリア首相に就任、所信表明演説でも「あらゆる手段を使い、（新型コロナウイルスの）大流行と戦う」という決め台詞を放ちました。

ドラギ氏はイタリア財務次官も務め、黒田氏とは古くからつきあいのある通貨マフィアの一人です。黒田氏も異次元緩和の演出の際に、ドラギ・マジックにあやかろうとしたのかもしれません。

政策総動員の魔法

「必要なあらゆる措置をとる」、あるいは、日本でよく使われる「政策総動員を」というのは危機の際にはしばしば使われる言葉です。新聞でもよく「○○で政策総動員を」などという表現が出てきます。

日経の社説でも新型コロナの感染が世界に広がった2020年4月18日に「世界経済の危機に政策を総動員せよ」という見出しを掲げました。確かに08年のリーマン危機や今回のコロナ禍のような大きな危機の際は「あらゆる必要な措置」「政策総動員」というのは市場や国民を安心させるために必要な言葉でしょう。リーマン危機の際は、20カ国・地域（G20）首脳会議で、日米欧先進国だけでなく中国やロシアやインド、ブラジルなど新興国も協力して対策を打ち出しました。

ですがこの「あらゆる措置」「政策総動員」には危うい面もあります。必要のない、あるいは過剰な政策まで動員して、やりすぎや副作用をもたらしてしまうリスクをはらんでいるのです。日本で言えば典型的なのは、前の章でくわしく解説したバブル期の地価引き下げ策でしょう。国土庁などの現行の土地利用規制だけではなかなか地価が下がらないので、日銀の金融引き締めに加えて、不動産融資総量規制や地価税など劇薬ともいえる政策を「総動員」したのですが、タイミングが遅れたこともあり、不動産市場に壊滅的な打撃を与えてしまいました。

「政策総動員」は短期的な危機への緊急対応としてはいいのですが、長く続けるといきすぎを招く恐れもあります。「政策総動員」にはいろいろな事例がありそうですが、この章では特に金融政策に絞って話を進めたいと思います。

異次元緩和の光と影

黒田異次元緩和は市場では当初は好評で迎えられました。円高是正が急速に進んだからです。安倍政権発足前の2012年11月には1ドル=80円台だった円相場は、13年以降は急速に円安・ドル高が進みました。その後10年間で日本経済は物価が持続的に下落するデフレの状態から脱し、雇用も改善しました。

特に黒田氏の任期末期の2022~23年にかけてはコロナ禍の収束とロシアのウクライナ侵攻でエネルギー価格が高騰、輸入物価の急激な値上がりで、消費者物価の上昇率も3%を超えました。日銀の想定外の経路でインフレが実現したわけですが、賃金上昇はそれに追いつかず、日本国民は貧しくなったという批判が相次ぎました。

黒田日銀の異次元緩和は功罪相半ばという感じですが、その評価は今後の日本の経済・物価がどうなるかにも左右されるのではないでしょうか。黒田日銀の「できることは何でもやる」という異次元緩和の鮮烈なイメージは、いわば金融政策アクテビティズム、金融政策で金融市場や経済を思いのままに動かせるという幻想をもたらしたといえるでしょう。

特に異次元緩和スタート当初の円安進行で、日銀があらゆる手段をとることにより為替相場と物価を思い通りに動かせるという期待が強まったように思います。２０１２年末から13年の円安への反転は、安倍首相が就任前から日銀の金融緩和を強く求め、黒田日銀が異次元緩和に動いたことも要因ですが、同時に米国経済が回復傾向に入り、米金利の上昇観測が出たことも大きかったと思います。円安だけでなくドル高要因もあったわけです。

こうした初期の「成功体験」から、最初は「戦力の逐次投入はしない」と言っていた黒田氏も、追加の量的緩和、マイナス金利政策、長短金利操作（イールドカーブ・コントロール、ＹＣＣ）と追加政策を次々と投入せざるを得なくなりました。黒田氏も就任当時は「できることは何でもやる」政策を10年も続けることになるとは思っていなかったことでしょう。

私は黒田氏も、前任の白川氏も昔から取材をした経験がありますが、極めて好対照な人物であることは確かです。一言で言えば、黒田氏は「度胸」、白川氏は「慎重」ということでしょうか。黒田氏はこれまで書いたように、類まれなる「度胸」で異次元緩和を継続してきましたが、その結果金融政策で負担を背負い込みすぎたきらいがあります。一方、白川氏は政策が及ぼす副作用やリスク、中央銀行の信認などを重視する「慎重さ」があると思います。「度胸」と「慎重」は相反するようですが、どちらも中央銀行トップに必要な資質ではないかと思います。そのバランスが難しいことは言うまでもありません。

為替相場に常に翻弄

日本では金融政策と為替相場には深い因縁があります。日本では何度か大きな円高局面がありました。そのたびに国をあげて大騒ぎする「円高恐怖症」が続いてきました。

戦後、大きな円高局面は4回ありました。最初は米国が金・ドル本位制を一方的に停止して1ドル＝360円の固定相場制が崩壊した1971年のニクソン・ショックです。2回目は日米欧先進5カ国（G5）がドル高是正で合意し、ドル売り協調介入に動いた85年のプラザ合意以降の円高。3回目は1ドル＝79円75銭の史上最高値をつけ超円高と言われた95年、そして4回目が2010〜12年の局面です。

いずれの円高局面でも製造業を中心に産業界から悲鳴が上がり、政府・日銀は財政・金融面の緊急対策を迫られます。それでもなかなか円高は止まらず、ドル買い介入に動きますが単独ではなかなか効果はあがらず、米国などとの協調を探りますが、その交渉は難航するというパターンです。

何度も繰り返される「円高狂騒曲」を眺めてきて感じるのは、日本経済にとっていつも都合の悪いタイミングで円高が起きてしまったということです。

よく「為替相場は中長期的には経済のファンダメンタルズ（基礎的条件）を反映する」と言われますが、円高が進むのはいつも日本経済が停滞気味の時で、むしろ日本経済の絶頂のバブル期には円安に振れていました。小泉政権の2001〜06年、安倍政権（第2次）の2012〜20年は円安局面でしたが、いずれも日本の景気は後退ではなく拡大していた時期です。なぜいつも日本の景気がさえない時に円高が起きるのでしょうか。

円・ドル相場は、日本よりも、米国の金利・経済情勢、そして政治環境に左右されることが多いという事情があります。4回の円高局面のうち最初の2回、すなわちニクソン・ショックとプラザ合意は、停滞する経済を打開するために米国が政治的に動いたことがきっかけです。

日本のバブル崩壊後の1995年の円高はクリントン政権初期の日本たたきの影響が大きかったと思います。米国経済の再生を掲げて93年に登場したクリントン大統領は当初は、日本を米国の経済的な脅威ととらえていました。バブル絶頂期のイメージで、ちょうど米国が今の中国に抱いているような恐怖感を持っていました。その結果、日本に対し通商政策で強硬姿勢をとり、日本が困るドル安・円高誘導を脅しに使ったのです。

日本が、日銀の量的緩和とあわせて巨額の円売り介入を実施した2002年から03年にかけての円高・ドル安の最大の原因は、米景気の低迷と米国の金融緩和でした。米国の景気が低迷して金利が下がる時は、日本の景気もよくない。そして米景気が低迷している時は、米国は輸出拡大のためにドル安を容認しがちということです。

米国の景気減速とそれに対応した米連邦準備理事会（FRB）の金融政策という、世界の大きなうねりのなかで起きていることに伴うドル相場の大きな変動を、日本の政策だけで押しとどめようとするのは無理があります。日本ができるのは米国の金融政策の変更に伴う為替変動を和らげるために米国と歩調をあわせて金融政策を動かすことや、極端な為替変動をおさえるための為替市場介入ですが、いずれも特効薬にはなり得ません。

米ドルの「法外な特権」

日本と米国の物価・経済情勢が異なる場合は、両国の金融政策を同じ方向に動かすことが好ましくない場合もあります。

金・ドル固定相場時代の1960年にベルギー生まれの経済学者ロバート・トリフィンが指摘した「トリフィンのジレンマ」という国際経済学で有名な概念があります。それはこういうことです。

米国という一つの主権国家の通貨のドルが、世界の貿易や投資に使われる基軸通貨になっています。そのため、米国が国内の物価・経済の安定のために金融政策を動かすと、それが通貨ドルの供給の変動を通じて世界経済にも大きな影響を与えます。「米国経済の安定」と「国際的な流動性供給の安定」という二つの目標が一致せず、利害が衝突しジレンマを抱えることがあるという意味です。

2022年10月にワシントンで開かれた国際通貨基金（IMF）・世界銀行年次総会などの国際金融会議でのドル高をめぐる議論はこのジレンマを象徴していました。米国は国内のインフレ抑制を最優先して金融引き締めを進めようとしていたのですが、ドル建ての債務を抱える途上国などからは借金の返済負担が膨らむ急速な利上げに警戒する声が広がったのです。

しかし、米国が海外への影響に配慮して自国の経済政策をとることはほとんどありません。これは今に始まったことではなく、昔からです。

「ドルは私たちの通貨だが、問題はあなたたちにある」。米国が一方的に金とドルの交換を停止した1971年のニクソン・ショックの際に、当時のコナリー米財務長官は欧州当局者にこう言い放ったといいます。

2022年にノーベル経済学賞を受賞した著名経済学者でもあるバーナンキ元米連邦準備理事会（FRB）議長は、かつて米国の量的緩和に伴うドル安を海外から批判された際に「金融緩和は自国の景気回復と物価安定のためのものだ」と反論しました。自国経済を健全にするのが米国の国益で、それがひいては世界経済の安定につながるという考え方です。これが「法外な特権」とも言われる基軸通貨ドルを抱える米国の実像です。

バブルの遠因は円高対策

「ドルの強さについて懸念していない」「問題は他国の経済成長や健全な政策の欠如だ」。2022年10月15日にバイデン大統領が、遊説先の米西部オレゴン州でアイスクリームをほおばりながら記者団に放ったこの言葉は、半世紀前のコナリー長官のものと瓜二つです。

日本は為替相場、特にドル・円相場に振り回されてきたために、金融政策も歴史的に為替相場の変動に対応して実施されることが多かったと思います。為替対策として「金融政策を総動員」した結果、それが経済をゆがめてきた面もあります。

1980年代後半のバブル発生も、85年のプラザ合意後の円高不況を心配するあまりに、金融緩和が長期化したことが遠因になりました。本来は金融政策は一時的な時間稼ぎで、市場開放や規制改革による産業構造の転換など中長期の成長力を上げる改革を進めるべきだったのですが、それは中途半端に終わってしまいました。

金融政策で何でもできるという幻想が膨らんだ結果、黒田総裁の任期の終盤には、日銀は逆に急激な円安進行への批判に悩まされることになります。

２０２２年に米国が急激な金融引き締めに動いた結果、米金利上昇にあわせてドル高・円安が急激に進みました。日銀が政策金利をマイナス、長期金利をゼロ％に据え置くなかで日米金利差が拡大し、それが円安に拍車をかけているという見方が強まり、日銀に金融政策の見直しを求める声が相次ぎました。

円相場の変動要因は日銀の金融政策だけではありません。今回の円安は、米国での予想外のインフレ高進で米国の金利先高観が急速に強まったことが大きな背景にあり、米国のインフレや金融政策の見通しが変わらない限りは、日銀が少し金融政策を修正しただけでは円相場の方向は変わらないでしょう。しかし、円安への不満は日銀に集中しました。２０１２年当時に円高への無策と当時の白川日銀総裁が批判されたのとは逆方向から批判です。いずれも共通しているのは「日銀の金融政策で為替相場は操れる」という見方です。

財政赤字も日銀のせい？

日銀批判は政府の財政赤字問題にも及んでいます。近年の財政赤字の拡大も日銀の低金利継続のせいだという議論です。アベノミクス前のデフレや円高、景気低迷などすべて日本経済の停滞の責任は日銀にあるという議論から、今度は安倍政権下で起こった経済の問題はすべて日銀のせいであるかのような批判です。

私はアベノミクスで日本の実質賃金が上がらなかった原因の一つは、財政・金融面の刺激策が足りないからではなく、三本目の矢にあたる成長戦略、規制改革などによる生産性向上など成長力底上げが十分ではなかったからだと思います。日本は人口減少、高齢化など構造問題を抱えるなかで、外国人も含めた労働力の確保やエネルギー戦略など必要な改革を十分に進めず、時間稼ぎにすぎない金融政策や財政刺激策に頼りすぎたことに問題があったと思います。そこに、コロナ禍やウクライナ危機に伴う海外発のインフレ圧力が押し寄せ、あわてているといったところでしょう。

物価については日銀が大きな責任を負うのは当然として、為替相場は日銀だけで動かせるものではないし、財政政策に責任を持つのは政府と議会であり、日銀の低金利政策が財政規律の弛緩を招いているとしても主犯ではありません。低金利が続いた結果、企業の淘汰が進まずゾンビ企業を延命させたという批判もありますが、政府の補助金や支援融資も影響しているはずです。

日本は自国だけでは動かせない為替相場に翻弄《ほんろう》され続けてきました。一方で、日本ほど為替相場が変動するたびに、国民や企業が政府や中央銀行に対策を求める国はありません。政府が為替相場を決める固定相場制ならばともかく、日本の円相場は変動相場制になってから50年がたっています。いまだに相場誘導を求めるのは、途上国メンタリティーを脱していないからかもしれません。為替相場、特にドル・円相場は米国経済の影響が大きく、日本の思う通りに動いてくれないものというのは、すでに過去の歴史が証明しています。国民や企業もある程度の為替相場の変動は前提にして生活設計や企業戦略を考える必要があります。

コラム　中央銀行、それぞれのトラウマ

人間はそれぞれ生い立ちや経験が違うように、国家にもそれぞれの歴史に根ざした忘れられない記憶があります。経済政策の運営も、そうした国が抱える「トラウマ」（心的外傷）

から逃れられません。長年、日米欧各国の中央銀行や政策当局の動きをみて、そんな思いを強くしています。

世界最大の経済大国の米国にとって最大のトラウマは1930年代の大恐慌でしょう。2008年のリーマン・ショックの際も、20年のコロナ禍の際も、大恐慌のような事態は絶対に避けるということが米大統領の念頭にあったはずです。

多くの失業者が街にあふれた大恐慌の記憶は、米国の中央銀行のFRBに「物価安定と最大限の雇用」という「デュアル・マンデート」（二重の使命）を与えました。FRBは「物価の番人」であると同時に「雇用の番人」でもあるのです。08年のリーマン・ショック当時、自身が大恐慌の研究家として知られるバーナンキFRB議長は、大恐慌時の過ちを繰り返さないという決意から、迅速な金融緩和に動きました。

この時FRBは危機管理に成功し、米国は日本のようなデフレに陥ることはありませんでした。一方でコロナ禍後の金融政策ではFRBは失敗をおかしました。コロナ禍後のインフレを一時的なものと見誤り、金融引き締めが遅れインフレ目標の2%を大きく上回る9%台の高インフレを招いてしまったのです。この時は物価よりも雇用を優先する政策に傾きすぎた面もあります。大恐慌の悪夢は米国民そして政策当局者に今もトラウマとして残っているようです。

その米国と対極のトラウマを抱えているのが、ユーロ圏の中核のドイツでしょう。第一次世界大戦後のハイパー・インフレーションを教訓としてドイツの中央銀行ブンデスバンクは伝統的に頑固なまでに「物価安定」を最優先してきました。その頑固さは、1985年のプラザ合意の際の、米国の金融緩和要求に、日本がすぐに従ったのに対し、ドイツはほとんどいうことを聞かなかったというところにあらわれました。

1999年の欧州通貨統合に伴い、新たに発足した欧州中央銀行（ECB）がユーロ圏の金融政策を担うことになりました。ECBもドイツの伝統を引き継いでいる面はありますが、もはやブンデスバンクのような頑固なインフレファイターではなくなりました。それは前述したようにイタリア出身のドラギ総裁が2011年に総裁に就任してから鮮明になりました。

日本にとってのトラウマはこの章で書いてきたように為替相場、特に円高です。1971年8月に米国が突然、金とドルの交換を停止し、戦後の1ドル＝360円という固定相場が崩壊した「ニクソン・ショック」はまさに衝撃的でした。円高はその後、日本のトラウマになり、日本の経済政策決定に多大な影響を及ぼすことになるのはすでに見てきた通りです。

G7ではありませんが、米国に次ぐ世界第2の経済大国の中国のトラウマは何でしょうか。これは共産党の一党独裁体制を揺るがしかねない「社会不安」でしょう。

中国は、1960年代後半から70年代前半の文化大革命、89年の天安門事件など社会に混乱が広がるたびに経済停滞を余儀なくされてきました。社会不安こそが今後の発展への大きなリスクです。2022年末、中国の厳しいゼロコロナ政策に不満を持った若者たちが白紙を掲げて抗議する「白紙運動」が広がりました。習近平政権はすぐにゼロコロナ政策の見直しに動きました、運動が広がり社会混乱が拡大するのを恐れたのでしょう。

「正義」のバブル

7

「高齢者は弱者、皆で助けよう」

――長幼の序を重んじる日本では、高齢者は常に弱く、
助けられるべき存在と位置づけられてきた。
超高齢化社会が進み2070年には人口の4割弱が高齢者になる。

若いうちは米国、老いたら日本

「若いうちは米国に住んで、年をとったら日本に住むのがベストな選択だと思うんです」。長年日米を行き来している知日派の米国人ビジネスマンの友人がこう話していたことがあります。

どういう意味でしょうか。米国のビジネス界は日本のような年功序列の仕組みはないので、若くても能力やアイデアがあれば、年齢に関係なく意見を聞いてもらえるし、職場で年齢より能力が重視されるので、若いうちから能力があれば大きな仕事ができます。若くしてビジネス界でもトップに立てます。だから、若い時は日本より米国で過ごしたほうがよいとこの友人は言います。

一方、「高齢になって住むならば日本がよい」というのは、日本では米国に比べ高齢者が大事にされる社会だからだということです。確かに日本経団連など経済団体も、年功序列の色彩が強く、トップには大企業で功成り名をとげたシニア世代が多くいます。若い人より年長者の発言のほうが尊重されやすい傾向のある日本に住むほうが、心地よいだろうというのです。

私はこの話を聞いて「そんなに単純な話ではないだろう」と思いながら、ビジネスの世界で言えば、かなり成り立つかもしれないとも考えました。実際には米国の若年層には薬物中毒や貧困など様々な社会問題があります。日本でも、最近は高齢者の貧困や会社の中でも厳しい扱いを受けるシニア社員などの問題が起こっています。日米どちらの国でも社会のどこにいるかによって幸福度は違うと思います。とはいえ、日米に住んだことのある筆者の経験からみて日本は、医療保険や介護保険も整っており、高齢者には総じて優しい社会だと思います。

最近のマイナ保険証問題のトラブルのメディア報道などでも、デジタル操作に慣れない高齢者に同情し配慮を求める論調があふれています。これまで一生懸命に働いて、日本社会の発展に長い間貢献してきた年長者を敬い、健康を損なったり貧困に陥ったりした高齢者を社会でしっかり支えていくことに異論はありません。ただ、日本社会ではこれから急速に高齢者の比率が増えていきます。高齢者は特別な存在ではなくなっていくのです。

高齢者と外国人で半分の国

２０２３年4月26日、国立社会保障・人口問題研究所は、長期的な日本の人口を予測した「将来推計人口」を公表しました。日本の総人口は現在は約1億２６００万人ですが、56年には1億人を下回り、70年には現在より3割少ない８７００万人に減ると推計しています。

２０１７年の前回推計と比べ、人口の1億人割れの時期は3年遅くなりましたが、その要因は外国人の入国超過数を最近の傾向を反映して、前回の年7万人から16万人に上方修正したからです。70年には総人口に占める外国人の比率が1割を超す見通しです。

一方、65歳以上人口の比率は２０２０年の28・6％から27年には30％に達し、70年には38・7％と4割弱、2・6人に1人になります。70年の日本は高齢者と外国人でおよそ人口の半分という国の姿になるのです。

人口の4割が「高齢者」と定義される社会では、現在のように65歳以上は前期高齢者、75歳以上は後期高齢者といった分類だけですむのでしょうか。「高齢者」とひとくくりにして扱うのも難しくなっていくのではないでしょうか。

高齢化の推移と将来推計

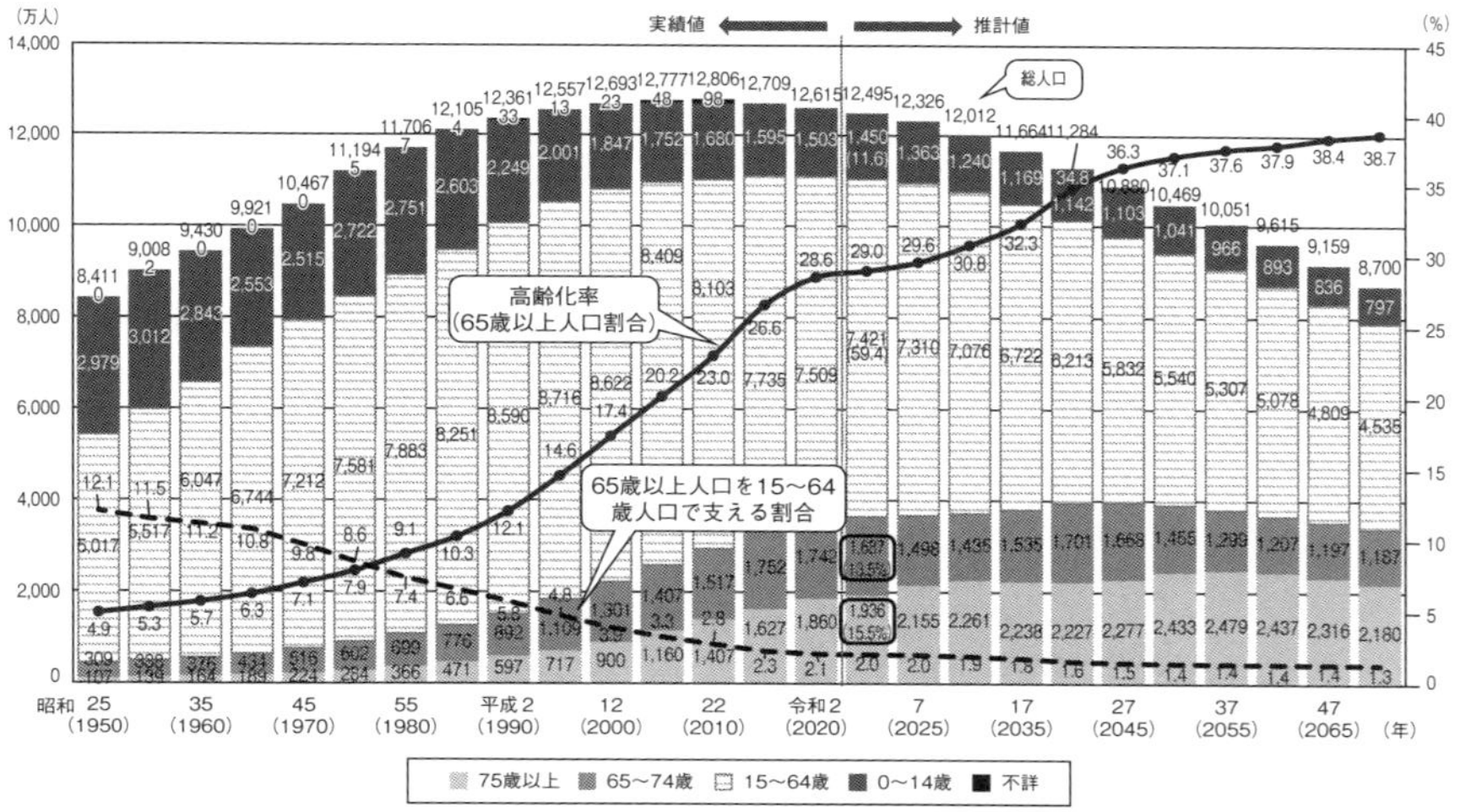

資料：棒グラフと実線の高齢化率については、2020年までは総務省「国勢調査」（2015年及び2020年は不詳補完値による。）、2022年は総務省「人口推計」（令和4年10月1日現在（確定値））、2025年以降は国立社会保障・人口問題研究所「日本の将来推計人口（令和5年推計）」の出生中位・死亡中位仮定による推計結果

高齢者は弱者だけではない

２０２０年のコロナ禍の際に個人向けの給付金の所得制限が大きなニュースになったことをご記憶の方も多いと思います。各世帯に一律で配るべきか、一定所得以上のある人には配らずに所得の低い人に支援を集中すべきなのか、という議論です。安倍政権は当初は所得制限を設ける方向で調整していたのですが、自民党内や連立を組む公明党の反対もあり一律給付にすることになりました。

ここで論点の一つとして浮上した問題が、低所得者でも必ずしも生活困窮者と言えない人がいるのではないかということです。

年金をもらう高齢者などで今の所得は少なくても、多額の預貯金など金融資産を持っている人まで「弱者」として扱って給付金を支給する必要があるのかという問題です。

実際、２０１９年時点で日本の金融資産の6割超を60歳以上の人が保有しているというデータもあります。問題は、個人の持っている金融資産を名寄せして、把握するシステムがないことです。所得や資産をリアルタイムで把握できるシステムがあれば、コロナ禍などの

年齢階層別インターネット利用率総務省調査

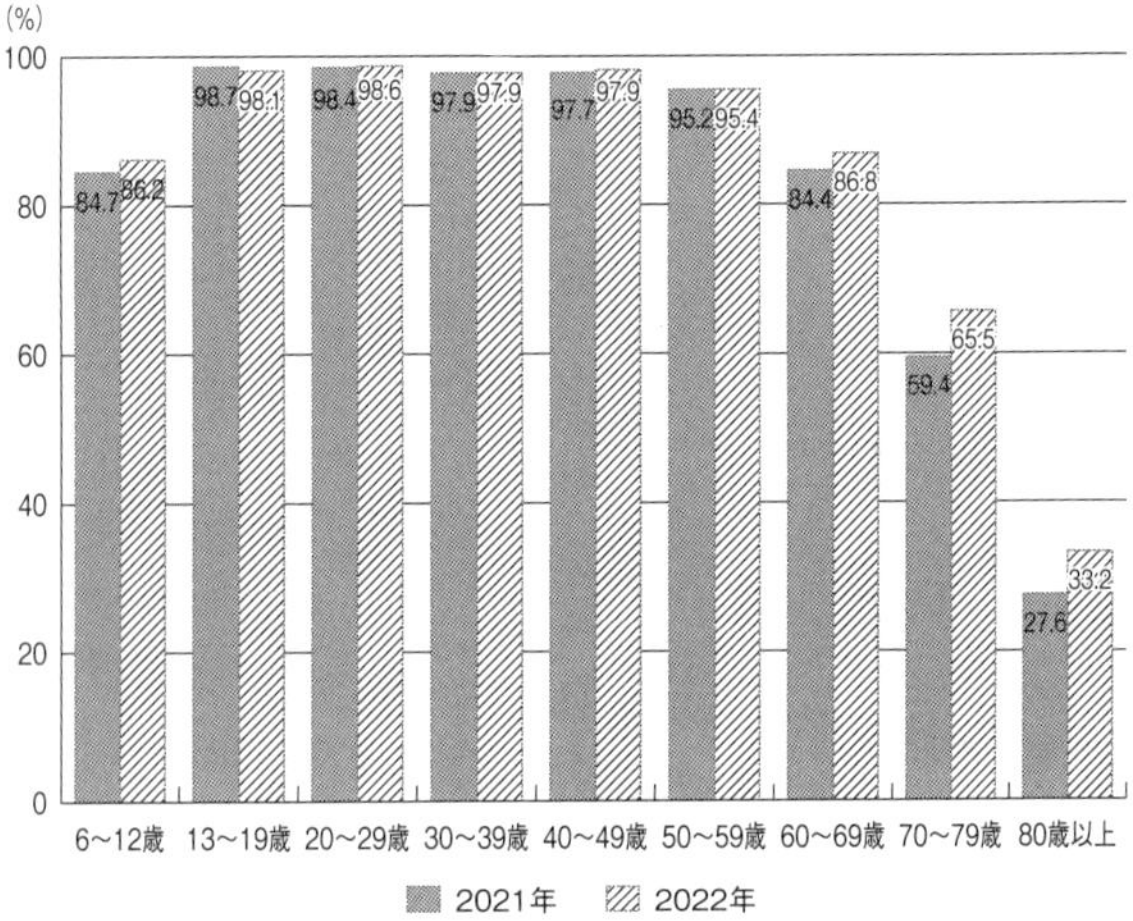

時は所得も資産も少ない人に迅速に支援する仕組みができるのです。

本来はマイナンバーを使って行政のデジタル化を進めれば、こうしたシステムをつくれるはずです。しかし、政府が資産などの個人情報を持つことにプライバシーなどを理由に抵抗する声は根強く、個人の所得・資産を適正に把握するシステムはできていません。

コロナのワクチン接種のネット予約やマイナンバーカードの取得手続きの際も「デジタルに慣れていない高齢者に配慮を」という声があがりました。これは正論であり、異論をはさみくいところです。

総務省の年代別のインターネット利用状況調査（令和4年通信利用調査）によると、13〜29歳は98%、30〜49歳は97%、50〜59歳は95%とほとんどが利用しているのに対し、60〜69歳は86%、さらに70〜79歳は65%、80歳以上は33%に低下します。シニア層の利用率も前年よりは上がっているのですが、70歳以上でガクンと落ちる傾向が続いています。国際的にみても日本のシニア層のデジタル・リテラシーは低いという調査結果もあります。

高齢になり目が見えにくくなったり手元が不自由になったりしてデジタル機器を使いにくくなるのは致し方ないと思います。しかし、これだけ急速なスピードでデジタル革新が進むなかで、高齢者が使えないからといって、デジタル化が遅れてしまえば日本経済の成長力は失われてしまいます。

スイスのビジネススクールＩＭＤがまとめた２０２２年の「世界デジタル競争力ランキング」によると、対象の63カ国・地域のうち、日本は29位で、前年から順位を1つ落とし、17年の調査開始以来、過去最低となりました。全体のランキングもさることながら、「デジタル／技術的スキル」は62位と最低クラスになっています。

日本は超高齢化社会になるなかで、シニア層のデジタル・リテラシーを高めることが不可欠です。高齢者はデジタルが苦手だからアナログを続けるのではなく、高齢者がデジタルを使いこなせるように知恵を絞り、支援の手を差しのべる必要があるのではないでしょうか。

この問題に詳しい日本総合研究所の岩崎薫里上席主任研究員は「これまでは高齢者を中心とする情報弱者への配慮もあり、デジタル化自体に本腰を入れてきませんでした。その結果、あらゆる面でデジタル化が遅れる一方で、先進国のなかで情報弱者の割合が圧倒的に多い状況を招いてしまいました。日本に必要なのは、デジタル化、およびそのあおりを受ける情報弱者のサポートを同時並行的に進めることです」と指摘しています。

岩崎氏は、高齢者の基礎的デジタル・リテラシーを高める具体的な対策として、①デジタル技術・サービスへの不安を可能な限り払拭する、②積極的に使いたくなるようなデジタル・サービスの提供、③子供や孫など身近な人からの働きかけ―の三つをあげています。

日本企業にとっても、高齢者でも使いやすいデジタル機器やアプリ、ソフト開発などシニア・デジタル市場とも言うべき大きなビジネスチャンスが広がっているのです。目や耳が不自由な人や寝たきりの人でも使えるデジタル機器などはもっと必要になります。高齢者を一律にデジタル弱者にしない官民あげての取り組みが必要になっているのではないでしょうか。

高齢者も支える側に

２０２２年10月から75歳以上の後期高齢者で一定以上の所得のある人の医療費の窓口負担がこれまでの１割から２割に上がりました。

単身世帯で年収が２００万円以上、夫婦とも75歳以上の世帯では年収が３２０万円以上ある場合は、２割負担になりました。後期高齢者全体のおよそ２割が対象です。少子・高齢化で現役世代の医療保険の負担が拡大するなかで、ある程度裕福な高齢者には負担をしてもらおうという改革です。

２０２２～25年には戦後のベビーブームで生まれた「団塊の世代」の方々が75歳以上になります。高齢者を一律に弱者と位置付けて、手厚く支援する従来の社会保障制度も見直しが必要になっているのです。

今後の課題としては、高齢者の収入だけではなく、資産状況も反映した負担の改革があげられます。高齢者で年金などの所得は少なくても、多額の金融資産を持っている人もいます。若くて困っている人や高齢者で収入や資産も少ない人を助けるには、余裕のある高齢者にも支える側にまわってもらう必要があります。

内閣府がまとめた、2023年の高齢社会白書では、今の高齢者の経済状況について、①経済的な暮らし向きについて心配がない65歳以上の者は68・5％②高齢者世帯の所得はその他の世帯平均と比べて低い③世帯主が65歳以上の世帯の貯蓄現在高の中央値は全世帯の1・4倍――と、若年世帯に比べると所得は低いが、貯蓄はかなり持っており、暮らし向きについてはそれほど心配していないという高齢者の平均像を示しています。

もう少し詳しくみると、内閣府の調査（高齢者の日常生活・地域社会への参加に関する調査・令和3年度）では、経済的な暮らし向きについて「心配がない」（「家計にゆとりがあり、まったく心配なく暮らしている」と「家計にあまりゆとりはないが、それほど心配なく暮らしている」の合計）と感じている人の割合は全体で68・5％に達しました。

高齢者世帯（65歳以上の人だけの世帯と、それに18歳未満の未婚者が加わった世帯）の平均の年間所得金額（2020年）は332・9万円で、全世帯から高齢者世帯と母子世帯を除いたその他の世帯（689・5万円）の約5割です。高齢者世帯の所得階層別分布をみる

年代別貯蓄残高

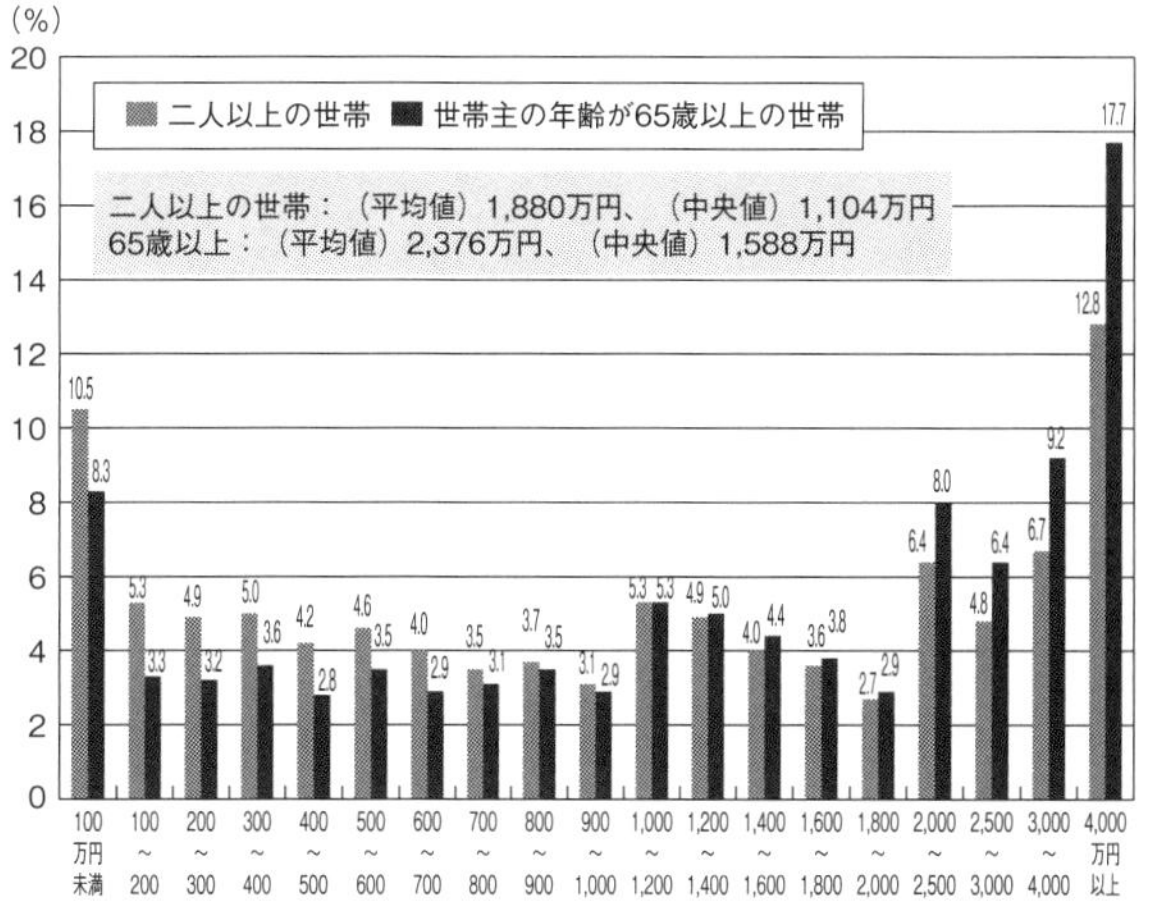

資料：総務省「家計調査（二人以上の世帯）」（2021年）

と、１５０万～２００万円が最多となっています。

二人以上の世帯の貯蓄現在高（中央値）をみると、世帯主が65歳以上の世帯は１５８８万円で、全世帯の１１０４万円と比較すると、およそ１・４倍です。４０００万円以上の貯蓄を持つ世帯も、世帯主が65歳以上の世帯では17・7％であり、全世帯（12・8％）を上回っています。

平均像は「まずます豊かな高齢者」という姿ですが、高齢者の貧困も無視できない問題です。２０２１年に生活保護を受けた人のうち、65歳以上の受給者は１

05万人いました。最近の物価高や今後の年金の受給額しだいでは、高齢者の貧困はさらに深刻な問題になってくるでしょう。つまり、高齢者の中でも生活が豊かな人と苦しい人、富裕な人と貧しい人がいるのが当たり前になってくるということです。

これまで国の所得再分配や社会保障の仕組みは、主に現役世代や企業が納めた税金を貧しい人の生活保護や各種支援にあて、現役世代や企業が納めた保険料や税金を、高齢者の福祉に充てるというやり方でした。しかし、高齢者が全体の3割を超す社会では、高齢者の中でも、恵まれた人はそれなりに保険料や税の負担をして、恵まれない同世代の高齢者を支える必要が出てきているのです。

本章でみてきたように、超高齢化社会が進むなかで「高齢者は弱者であり一律に助けなければいけない」という従来の観念ではもはや社会保障や財政は維持できないでしょう。豊かな高齢者は支え手に回らなければならなくなります。こうした観点でみると、「中小企業＝弱者」「地方＝弱者」などこれまでの「弱者の定義」の見直しも必要な時期にきているのではないでしょうか。

実際に、高齢者の定義を見直そうという動きもあります。日本老年学会・日本老年医学会が2017年に発表した「高齢者に関する定義検討ワーキンググループ報告書」では、最近の高齢者の心身の老化現象の様々なデータを検討した結果、特に65～74歳では心身の健康が保たれており、活発な社会活動が可能な人が大多数を占めていると指摘しました。そのうえで、高齢者の定義を現在の「65歳以上」から「75歳以上」に引き上げることを提案しました。

もちろん65歳以上になると健康状態も人によって大きなばらつきがあり、すでにみたように所得や保有資産にも格差が生じています。大事なのはひとくくりに年齢で弱者と強者、支える人と支えられる人とに分けるのではなく、年齢に関係なく社会的弱者は支え、そうでない人には応分の負担をしてもらうということが必要になっているのです。

「正義」のバブル

8

「人口減少は国家的危機」

――人口減少で閉塞感が強まる日本。
歯止めをかけ反転させることに異論はないが、有効な対策は見いだせていない。
人口問題をめぐる百家争鳴は続く。

少子化対策は「異次元」？

「急速に進展する少子化により、昨年の出生数は80万人を割り込むと見込まれ、我が国は、社会機能を維持できるかどうかの瀬戸際と呼ぶべき状況に置かれています。こども・子育て政策への対応は、待ったなしの先送りの許されない課題です。（中略）。年齢・性別を問わず、皆が参加する、従来とは次元の異なる少子化対策を実現したいと思います」

２０２３年1月23日に招集された通常国会の施政方針演説で、岸田文雄首相は、「異次元の少子化対策」に取り組むと宣言しました。

黒田東彦日銀総裁が２０１３年に打ち出した「異次元緩和」にあやかって「次元の異なる」というフレーズを使ったのだと思いますが、そもそも少子化対策を「異次元」とわざわざ断らなければならないところに苦しさがあります。「異次元」と銘打つのは、これまでも何度も対策と名の付くものをやってきましたが、効果がなかったので今度こそは異次元でやりますという意思表明でもあるのです。

そして5カ月後の6月13日に政府が閣議決定した「こども未来戦略方針」には、児童手当

岸田政権の少子化対策の主なメニュー

具体策	24年度にも児童手当を拡充。所得制限を撤廃し高校卒業まで延長。第3子は0歳から高校生まで月3万円
	出産費用の保険適用導入の検討
	奨学金制度の拡充
	育休給付率の引き上げ
	こども誰でも通園制度（仮称）創設
財源の考え方	24年度から3年間の予算は年3兆円台半ば
	28年度までに歳出改革を徹底し、国民に実質的な追加負担を求めない。増税はしない
	企業を含む支援金制度（仮称）創設
	28年度までに安定財源確保。不足分はつなぎ国債

（注）こども未来戦略方針を基に作成

の所得制限の撤廃、第３子からの増額、出産費用への保険適用の導入検討、奨学金制度、育児休業給付の拡充——など子育てへの経済的支援に重点を置いたメニューが並びました。

２０２４年度から３年間の「加速化プラン」で３兆円台半ばの事業規模を見込んでいます。このプランの実施で国のこども家庭庁予算（22年度で４・７兆円）は約５割増えます。そのうえで２０３０年代初頭までに、国の予算の倍増を目指すとしています。

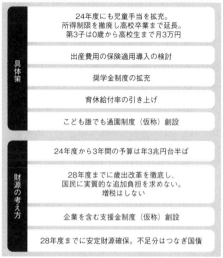

国民の評判はどうでしょうか。対策発表直後の6月23〜25日に日本経済新聞社とテレビ東京が実施した世論調査では、政府の少子化対策の効果に「期待しない」という回答が60％にのぼり、「期待する」は33％にとどまりました。その後、日経が日経リサーチと共同で7月13〜18日にオンラインで実施した別の調査では、政府の対策について「異次元だと思いますか」との質問には、「全くそう思わない」（44・1％）との回答が最多で、「あまりそう思わない」（43・2％）と合わせて87・3％が異次元とは感じないとの見方を示したのです。その理由としては、「やって当たり前」「これまでの焼き直し」「代わり映えしない」「実現性に乏しい」「海外では普通のこと」などの回答が並びました。

岸田首相が表明した「異次元感」はどうも国民には伝わっていないようです。こうした最近の政府の対応をみても人口減・少子化対策の難しさがわかります。そもそも政府の人口政策はこれまでも迷走を続けてきました。

作為と不作為の人口政策

岸田政権の少子化対策の策定に大きな役割を果たしている首相のブレーンがいます。元厚生労働省官僚で、今は内閣官房参与（社会保障・人口問題担当）の山崎史郎氏です。超高齢化社会の日本で欠かせない制度となった介護保険制度が始まったのは、今から20年余り前の2000年4月でそれほど昔のことではありません。山崎氏は1990年代後半に介護保険制度の企画・立案に深く関わり、「ミスター介護保険」とも呼ばれる社会保障行政のプロです。

山崎氏は官邸入りする前の2021年11月に『人口戦略法案』（日本経済新聞出版）という著書を刊行しました。小説形式で、人口減少対策に取り組む政治家、官僚の奮闘の姿を描いた意欲的な作品です。ここではその中身には立ち入りませんが、私が印象に残ったのは作中の人口学者の言葉です。日本の今の人口減少は政府の政策の「作為と不作為」の結果だというのです。

その人口学者はこう言います。

「戦後の動きを見ると、今日の人口減少のかなりの部分は、国の政策が反映した結果だと言えるかもしれません。終戦直後から1970年代半ばまでは、出生抑制政策が強力に展開された時期で、出生率低下は政府の『作為』による結果です。そして、70年代後半から80年代にかけては、政府は人口問題への介入を避け続けましたので、その意味では、政府の『不作為』が反映していると言えます。その後、90年代以降、政府は少子化対策に乗り出したのですが、少子化の流れが、現在に至るまで止められない状態が続いています」

この学者が指摘するように、日本の人口政策はぶれ続けました。それは戦前にさかのぼります。

明治維新後の「富国強兵」の掛け声のもとで近代化にまい進した日本の人口は急速に拡大しましたが、食糧不足の問題が起こり、政府は昭和初期にかけて産児制限運動を展開し、海外への移民の送り出しも積極的に奨励し、毎年2万人ほどの移民が南米などに渡りました。

それが「出産奨励」に転換するのは、日米開戦を直前にした1941年のことでした。政府は「産めよ、殖やせよ」の号令のもとで、20年後の1960年までに総人口1億人の達成を目指す「人口政策確立要綱」を閣議決定したのです。しかし、多くの若い男性が出征し、子供づくりどころではなかった戦時中は出生率は上がらず、急回復したのは45年の終戦直後でした。「団塊の世代」を生む戦後のベビーブームです。戦前に掲げた目標より7年遅れの67年には人口は1億人を突破します。日本の経済規模（国民総生産＝GNP）が西ドイツを抜いて世界2位になったのはその翌年の68年のことです。

「子どもは二人まで」

人口問題では合計特殊出生率という指標がよく使われます。一人の女性が生涯に産む子どもの平均的な人数で、15～49歳の女性が産んだ子どもの数を基に毎年算出しています。現在の人口水準を維持するには、この出生率をおおむね2・07を保つ必要があるとされています。

出生率は戦後のベビーブーム期（1947～49年）のピークには4・32に達しました。一人の女性が4人産むという計算です。政府は戦後の食糧不足の中での「人口爆発」に危機感を持ち、48年に成立した優生保護法で、経済的理由による人工妊娠中絶を合法化しました。その後出生率は人口水準を維持する2・07に近い水準で推移するようになります。

1973年に第一次石油危機が起こり、高度成長期が終わると、資源不足と人口増加への危機感が高まってきました。74年に厚生省の人口問題審議会は、人口白書で出生抑制への努力を表明しました。同年7月に開いた日本人口会議は「子どもは二人まで」とする大会宣言を採択しました。この会議は民間主催でしたが、当時の厚生省が支援し、会議には著名人も

出生数と出生率の推移

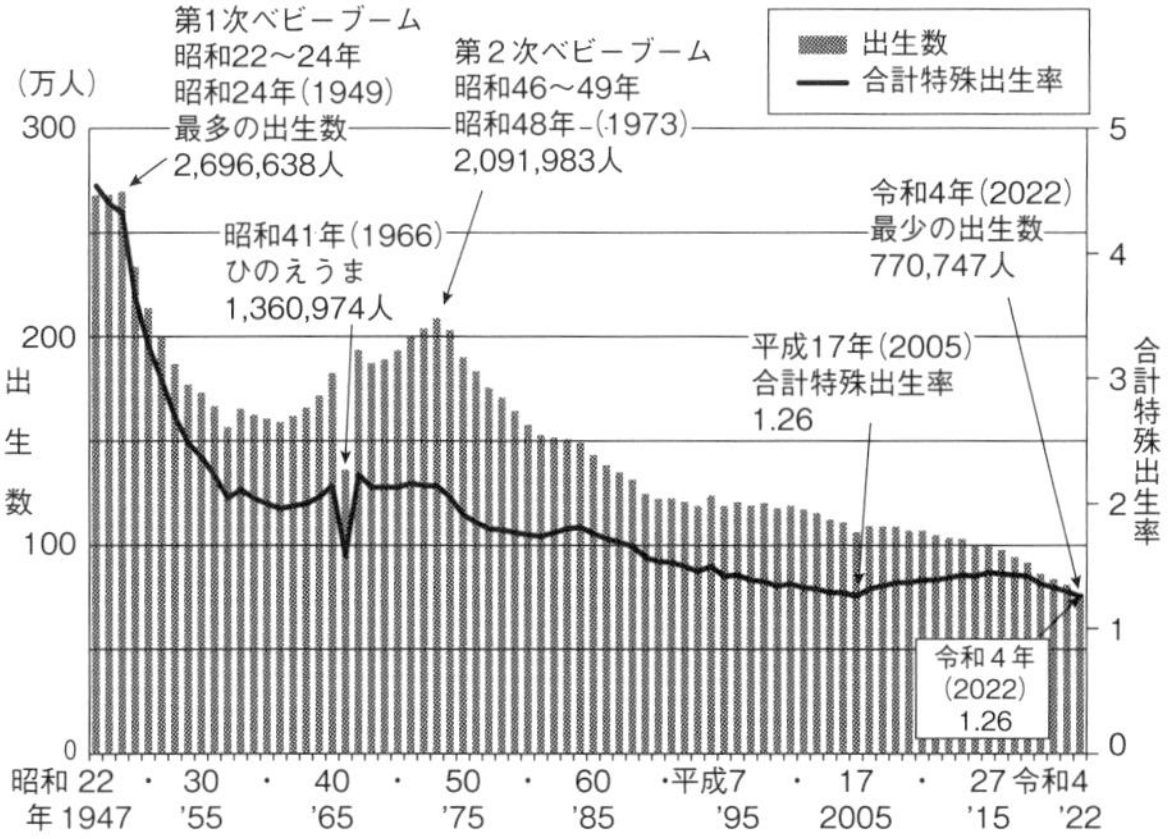

顔をそろえました。今からおよそ50年前に日本は、非公式ながら中国の「1人っ子政策」ならぬ「2人っ子」政策を打ち出していたのです。

当時は団塊世代が子どもをつくる第二次ベビーブームのピークでしたが、皮肉にも翌1975年には合計特殊出生率は2・0を下回り、出生数も減りはじめました。その後は出生率は緩やかに低下し、バブル景気の真っただ中の89年には1・57と戦後最低を更新し、「1・57ショック」と言われました。ただ、当時は第二次ベビーブームで生まれた団塊ジュニア世代(71〜74年生まれ)が出産適齢期を迎えれば、第三次ベビーブームが来るので大丈夫という楽観論も目立ちました。

不発の少子化対策

政府が問題意識を持って、少子化対策に動き出したのは１９９０年代に入ってからでした。まずは育児休業支援や待機児童対策など子育て支援に重点が置かれました。91年に育児休業法が制定されました。本格的な少子化対策の取り組みの第一歩は94年のエンゼルプランで、子育ては夫婦や家庭だけでなく社会全体で取り組む方針を示しました。対策は保育サービスの拡充や、仕事と子育ての両立支援などが柱でした。

その後も、何度か少子化対策はとられました。２００１年5月に小泉純一郎首相が所信表明演説で「待機児童ゼロ作戦」を打ち出し、03年には少子化対策基本法が制定され、少子化対策は政府全体の取り組みとなりました。

出生率は２００５年の１・26から10年間は緩やかに回復し、15年には１・45になりましたが、その後は再び下降し、前述のように22年には過去最低の１・26に落ち込んでいます。

安倍晋三政権は２０１４年６月に閣議決定した経済財政運営と改革の基本方針（骨太の方

針）に「50年後の人口1億人を維持する」という人口目標を初めて盛り込みました。

出生率は政府の対策にもかかわらず回復せず、高齢者の死亡者も増え始めた２００５年からは日本の総人口が減少に転じてしまいます。経済規模（国内総生産＝ＧＤＰ）も10年には中国に抜かれ、世界第3位に転落しました。22年には日本人の出生数は初めて80万人を割ってしまいました。

経済環境も逆風になりました。バブル経済の崩壊後は、経営が悪化し人員過剰に陥った企業は自社にいる正社員の解雇はなるべく避けながら、新卒の正社員の採用を減らしました。この結果、大学、高校を卒業しても正社員になれず、賃金が安く雇用も不安定な非正規社員になる若者層が急速に増えました。ちょうど団塊ジュニアの世代が社会人になるころに重なって「就職氷河期」が起こり、非正規で収入が少ない層が増えたのです。収入が増えず景気も低迷し将来の人生設計が立たないなかで、結婚に踏み切れず、晩婚化、未婚化が進みました。それが出生率低下、少子化を招いたのです。経済の低迷が少子化を招き、少子化が中長期の経済の成長力を蝕《むしば》むという悪循環に陥ってしまったのです。

ぶつかる「二つの正義」

ここまで日本の人口政策と少子化の歴史を振り返ってきましたが、この問題には常にぶつかる「二つの正義」がかかわっていると思います。

一つ目は「人口減少は国家的危機なので何とかしなければいけない」という「正義」。二つ目は「子供を持つ持たないは個人の自由。国家は強制すべきではない」という「正義」です。どちらも正しいと思いますが、実際に政策をとろうとするとこの「二つの正義」がぶつかり、なかなか進まないことが多いのです。

少子化が進むなかで、何とか対策をとろうとした政府は、子育て支援に重点を置きます。すでに子供がいる家庭の負担を軽くする支援ならば、出産の強制とは受け取られないからでしょう。岸田政権の少子化対策も、基本は子供を持った人への、児童手当の拡充や育児休業や奨学金の拡充など子育て支援が中心です。直接の出産支援としては、出産費用への保険適用や、菅義偉政権時代に打ち出した不妊治療などへの支援がありますが、これも出産を望む人への経済的支援という側面が強いと思います。

安倍晋三政権時代の2015年に政府は「希望出生率1・8を目指す」という目標を掲げました。1・8というのは「結婚したい」「子供を持ちたい」と願うすべての人の希望がかなった時に実現する出生率だそうです。わざわざ「希望」という言葉をいれたのは、あくまで国家が強制するものではないという意味をこめたのでしょう。

決め手がみつからない

少子化対策については、人によって様々な意見があります。私たちも、社内の論説委員会などで議論していても、少子化対策にはいろいろな考え方があるのですが、なかなか決め手はみつからないのが実際のところです。

これまで様々なところで議論されてきた少子化対策の具体策をみてみましょう。どれも聞くと「正論」のように聞こえますが、いずれも決め手になるのか悩ましいところもあります。

①経済成長こそ第一

「人々が子供をつくらないのは、日本経済の先行きに不安があるからだ。日本経済が成長し、所得も増えるという安心感があって初めて、人々は子供を持とうとする。だから経済を良くして不安定な非正規雇用を減らす成長こそ重要だ」

「まさに正論」と思いますが、これは安倍晋三政権の「アベノミクス」だけでなく、歴代政権が取り組んできたことでもあります。少子化対策以前に、経済活性化策として必要なことです。人口減少・少子化自体も長期的には成長の制約要因になるはずですが、少子化対策で出生率が上がっても、労働力人口が増えるには時間がかかるため、すぐに成長を押し上げるわけではありません。だから、少子化対策より、目先の需要追加による景気対策が優先されてきた面もあります。また、経済が高成長すると必ず出生率は上がるのかは定かではありません。実際に１９８０年代後半から90年初頭のバブル期は高成長で雇用も安定していたのですが、出生率は下がり続けていました。

②まず結婚させせよ

「日本は欧米のように結婚せずに生まれる婚外子は増えにくいので、まず結婚することが重要だ。今の少子化も晩婚化、非婚化が主因だ。実際に結婚した人の出生率は高い。だから結婚を奨励することが重要だ」

これもよく聞く意見で、なるほどそうかなと思います。結婚しないのは出会いの機会がないからだということで、自治体がお見合いパーティーなどで婚活を支援する動きもあります。一方で、結婚するかしないかは個人の自由、押し付けられるのは嫌だという声もあり、これは尊重されるべきものです。昔は会社の上司などが、ある程度の年齢の社員に「なぜ結婚しないんだ」「俺がいい人を紹介しようか」などと声をかけることがありました。これは現在ではタブーになっていますし、ハラスメントで訴えられるかもしれません。結婚を増やしたくても実際はそう簡単ではなささそうです。

③婚外子を認めよ

「北欧やフランスなど結婚しないカップルから生まれる婚外子が多い国は出生率が高い。日本は婚外子が少ないので、結婚しないで子供を持つ多様な家族のあり方へ選択肢を広げ、支援制度なども整備すべきだ」

これも少子化対策で何度も浮上してはなかなか実現しない政策です。確かに欧州などでは婚外子の比率が高い国は出生率が高いというデータがあり、婚外子を奨励、支援すればもう少し子供を持つ人が増えるかもしれません。政府としてできるのは、婚外子でも子育て支援策などを受けられるようにすることだと思いますが、それでも日本社会で急速に婚外子が増えそうにはありません。

④性別役割分担の意識を変えよ

「日本では、男性は仕事、女性は家事といった性別による役割分担意識が根強い。夫婦共働きが増えているのに、相変わらず家事や子育てでは女性の負担が大きい。男性も家事や育児に参加し、『共育て』にしないと、子供を多く持ちたいという人は増えない」

これも根深い問題です。日本では先進国の中でも、男女の性別による役割意識が根強いと言われます。その根底には日本の長時間労働もあり、男性の働き方も変えなければ「共育て」は実現しないという意見が多く、政府も男性の育児休業促進などの旗を振っています。

日本は世界経済フォーラム（ＷＥＦ）のジェンダーギャップ指数をみても、２０２３年で１４６カ国のうち１２５位という低い水準です。少子化対策とは別に、日本の女性が政治や経済の分野でももっと活躍できるようにするのは重要なことです。そのうえで子供を産み育てやすい社会をつくっていくことが重要でしょう。これは政府が進める諸制度の改革だけでなく、人々の意識改革が必要な面もあり、日本では世代間や地域による差もかなり大きい問題だと思います。

⑤外国人を受け入れよ

「人口が減って労働力が足りなくなるならば、若い労働者を海外からどんどん受け入れればよい。出生率が高い外国人に来てもらえば、出生率も上がる。米国などでは移民が出生率引き上げに貢献している」

先進国でありながらなお人口が増え続けている国の代表が米国です。米国はご存知の通り、移民の国です。移民を受け入れることが経済の活力になり、人口の維持にも貢献しています。国内の人口減少を補うために、日本ももっと大胆に外国人を受け入れてはどうかという意見もあります。政府も賃金不払いや人権侵害など評判の悪い外国人の技能実習制度を改め、長期就労や家族帯同が可能になる特定技能という在留資格の対象になる業種を広げ、外国人労働者の受け入れを進めています。すでに総人口の2％にあたる約300万人の外国人が日本で暮らしています。

先にみたように2023年4月に国立社会保障・人口問題研究所が発表した人口推計では、足元の外国人増加を反映して、70年には10％が外国人になるという数字になっています。

ただ、外国人の移民については、米国でも欧州でも様々な社会問題を起こしていることも忘れてはなりません。外国人に若いうちだけ働いて、日本で税金や社会保険料を払ってもらい、年をとったら国に帰ってもらうという都合のよいことはできないと思います。外国人と共生していく教育、福祉など社会環境を整備しないで、単なるその場しのぎの労働力として受け入れていくのでは将来大きな問題を招く恐れもあります。

⑥もっと思い切ってやれ

「これまでの少子化対策は掛け声ばかり、対策の規模が小さい。子供をつくった人にもっと思い切ってお金をばらまく巨額の対策をとれば出生率は上がるはずだ。予算をケチっているから効果が出ないのだ」

まさに「異次元」の規模の少子化対策をやれという意見です。岸田政権は少子化対策で、

2024年10月から、児童手当で現在は、3歳児〜小学生までの第3子には5000円増額して月1万5000円としている「多子加算」を、対象を0歳児〜高校生に広げ、支給額を2倍の月3万円に増額することにしました。もっと思い切って3人目の子供をつくったら1000万円をドンと給付してはどうかといった意見もあります。

さらに、子育て支援というならば、出費の多い教育費負担を減らすのが有効で、思い切って大学も含め教育を完全に無償化してはどうかという声もあります。とにかくあっと驚くほどの規模でやれば人々の意識は変わるという話です。異次元の金融政策と同じで試してみなければわからないのですが、そのためには「財源」をどうするかという問題があります。岸田政権が打ち出した3兆円台前半の財源でもその方法をめぐり大騒ぎになっているのですから。

いずれも少子化対策として問題を突いているような気がしますが、実行はなかなか難しいものもあります。だからこれまで掛け声だけで、子育て支援以外はなかなか進んでこなかった面もあるのでしょう。

繰り返しになりますが、少子化問題は、出産という極めて個人的な問題にどこまで政府が踏み込むかという面に難しさがあります。出産は個人の自由な選択ですが、その環境整備を政府がしようとする場合に、その手法にいろいろな意見があってまとまりません。

少子化対策ほどそれぞれ人の「正義」が異なる政策はないでしょう。この本ではこれまでいきすぎた「正義」が、政策をゆがめる例をみてきましたが、少子化対策については、人によって「正義」が異なり、意見統一できないところが事態を難しくしているようにみえます。

「正義」のバブル

9

「拙速な改革は避けよ」

――日本の貿易黒字が拡大し日米経済摩擦が激しくなった
1980年代から唱えられた日本経済の構造改革。
様々な改革が試されたが、既得権に挑む改革は常に抵抗にあった。

反改革の殺し文句

「拙速な改革は避けよ」――。この言葉は一見、誰も異論を唱えにくい正論です。「拙速な」というのはもともと良い意味では使われないので、「拙速な改革」はよくないに決まっているからです。一方、「迅速な改革」「機動的な改革」「スピード感のある改革」だと、言葉の響きは俄然ポジティブになります。「これならぜひ進めてくれ」と思う人も少なくないと思います。「聖域なき改革」というのも、各論になれば別として、全体としては響きのよい言葉です。

改革はその立場や考え方によって「迅速」にもなり「拙速」にもなり得るのです。「拙速にいろいろな改革を進めれば様々な副作用をもたらす」。これは改革に抵抗する時の、最強の殺し文句でしょう。

大きな制度改革などを進める時は「拙速な改革はよくない。ひとまず立ち止まって考えよう」という意見がよく出てきます。ここで気をつけなければいけないのは、この言葉を唱える人のなかには、「拙速でなければやるべきだ」という人と、「拙速でなくてもやってほしくない」という人の、両方の声が混ざってしまうことです。「拙速を避ける」ことが結局、改革を止めてしまったり、大きく遅らせる効果を持ってしまったりすることがあるのです。

新聞の社説の見出しでも拙速という言葉がしばしば使われます。「問題多い年金法案の拙速審議は許されぬ」（２０２０年４月23日付、日経）、「拙速な検察庁法の改正は禍根を残す」（同５月16日付、日経）、「ＧｏＴｏトラベル　拙速な再開は許されない」（２０２１年12月５日付、毎日）、「マイナ保険証　あまりに拙速、乱暴だ」（２０２２年10月15日付、朝日）、「マスク見直し　拙速な転換は混乱招く」（２０２３年２月12日付、朝日）、「ＬＧＢＴ法案　拙速な議論は理解を遠ざける」（同年５月13日付、読売）、「マイナカード、拙速な活用拡大反省を」（同５月25日付、朝日）「混乱続くマイナカード　拙速排し立ち止まる時だ」（同６月９日付、毎日）といった具合です。特に最近はマイナカード問題で使われる例が目立ちます。

本書で書いてきたように、およそ30年前のバブル経済の崩壊前後から、日本は様々な問題を抱えました。その後始末のために様々な改革の必要性が議論されました。

不良債権処理による金融システムの再生、経済活性化のための規制改革、貿易自由化、少子・高齢化に対応した社会保障制度改革、生産性向上のためのデジタル改革――。いずれも重要な改革ですが時に「拙速は避けよ」という声で、ブレーキがかかったことも少なくありません。典型的な例が、バブル崩壊後の不良債権処理です。拙速な処理は大量の倒産や失業をもたらし社会不安を招くという議論がありました。その結果、段階的、漸進的な処理になったわけですが、それが結局、長期の停滞やデフレ、さらには少子化・人口減少を招いてしまった面もあると思います。

「構造改革」に歴史あり

「構造改革」という言葉もこの30年で毀誉褒貶にさらされてきました。日本経済新聞社の記事データベースの「日経テレコン」で検索したところ、日経本紙に「構造改革」という言葉が最初に出たのは、1960年12月で、当時の社会党内での「構造改革」の議論の記事でした。構造改革というのは、もともとは、第二次世界大戦後にイタリア共産党のトリアッティが提唱したもので、社会主義に移行するための政治理論で、独占資本主義体制を議会主義のもとで段階的に改革することを通じて社会主義を実現しようという考え方でした。

それが経済問題で盛んに使われるようになるのは1970年代になってからです。まず繊維、農業、鉄鋼など個別業界の再編などを含む産業構造の改革に使われるようになります。日経は73年3月19日付で「産業構造改革に実り多い議論望む」という見出しの社説を掲載しました。社説では経済界と学者による産業計画懇談会がまとめた「産業構造の改革」という提言について論じています。提言は「日本経済がすでに環境と資源の両面から壁にぶつかっているので、この壁を破るためには産業構造そのものを従来の重化学工業偏重、輸出優先型から資源制約、公害防止型へ全面的に転換する必要がある」というもので、社説でもこの提言を「刺激剤」として改革を進めるよう求めています。戦後の高度成長期が終わり、第一次石油危機で資源エネルギー問題が焦点となり、公害問題などの新たな課題にも日本経済は向き合わなければならなくなりました。そうしたなかで、日本の産業の統合・再編が重要な政策となり、「構造改革」という言葉が使われるようになったようです。

そして1980年代になり、日米貿易摩擦が激しくなってくると、日本のマクロ経済の構造の改革という意味での「構造改革」または「構造調整」という言葉が多用されるようになります。米欧から、日本の貯蓄超過、激増する貿易黒字、市場の閉鎖性が批判されるなかで、内需拡大、貿易・金融の自由化による市場開放などの経済の「構造改革」が求められるようになってきたのです。いわば「外圧」による構造改革の時代を迎えたとも言えます。

特に1985年にプラザ合意で日米欧がドル安の政策協調に動き出したのを契機に、G7（主要7カ国）首脳会議などでも、しばしば日本の経済構造改革が議論になるようになりました。当時、小さな政府・新自由主義路線を推進していたレーガン米大統領と良好な関係にあった中曽根康弘政権も、国鉄、日本電信電話公社の民営化や市場開放などで内需主導経済への「構造改革」の取り組みを強めました。

この構造改革の青写真となったのが、1986年に公表された「国際協調のための経済構造調整研究会報告書」（通称・前川リポート）です。前川春雄元日銀総裁をはじめ民間有識者による提言で、市場開放や内需拡大による日本経済の構造転換を求めました。この政策は、プラザ合意からバブル崩壊まで日本の経済政策の基調となりました。

ただ、構造改革といっても、農産物市場の開放や規制緩和や金融自由化はいずれも漸進的なものにとどまり、重点はプラザ合意後の円高進行に対応した財政・金融政策による内需拡大策に置かれました。ちょうどバブルの頂点の1989年に始まった日米構造協議（SII=Structural Impediments Initiative）はまさにその名の通り、日本の国内の構造改革を米国が迫るものになりました。

構造改革はバブル崩壊後も使われるようになりますが、その意味するところは変わってきます。バブル崩壊で表面化した、日本経済の構造的問題、特に中長期の課題に、痛みや負担を乗り越えて取り組むという趣旨で使われるようになります。バブル崩壊以前と異なり、「構造改革」はしだいに減税、公共投資、金融緩和など短期的な財政・金融面の景気刺激策とは対極に位置づけられるようになってきました。「構造改革が先か、景気回復が先か」といった議論も盛んになりました。

バブル崩壊後に構造改革を最初に前面に打ち出したのは1996年に発足した橋本龍太郎政権でしょう。バブル崩壊後にとった財政・金融面の景気刺激策だけでは、日本経済の再生が進まないため、構造面に踏み込んだ改革が必要という認識に至ったのです。橋本政権は「6大改革」と銘打ち、財政構造、行政、社会保障、教育、経済構造、金融などの改革を看板に掲げました。しかし、97年の消費税率引き上げ後に起こった、アジア通貨危機や国内の大型金融破綻で、急速に景気が悪化し、改革路線は頓挫してしまいました。その後の政権も「構造改革」の必要性は指摘していましたが、明確に主要政策に位置付けたのは2001年に発足した小泉純一郎政権でした。「改革なくして成長なし」を掲げ、経済財政担当大臣に民間の経済学者の竹中平蔵氏を就け、構造改革を断行する姿勢を示しました。小泉政権では道路公団の民営化、地方分権改革のほか、不良債権処理にも取り組んだのですが、一番政治的エネルギーをつぎ込んだのは郵政民営化でした。2005年の「郵政解散」で、国民の信を問い圧勝した結果、郵政改革は進むのですが、それで政治資本を使いはたしたのか、その後の改革はあまり進みませんでした。「構造改革」という言葉は民間企業でもはやり、取引慣行や人事制度などの大胆な見直しを含むリストラを断行する際に使われました。

小泉政権後は、「構造改革」という言葉はあまり良いイメージで使われなくなりました。ちょうど新自由主義政策への批判が出始めたころで、「構造改革は格差を広げる」など「改革の影」といった議論も流行し始めたからです。

その後の政権は「構造改革」という言葉はあまり使わなくなり、代わって成長力を高める「成長戦略」といった言葉に置き換わるようになりました。典型的なのが、2012年末に発足した第二次安倍政権のアベノミクスで、金融政策、財政政策、成長戦略の「三本の矢」を掲げました。三本目の成長戦略に、規制改革など構造改革が含まれるはずですが、あまり重点はおかれませんでした。

「構造改革」全盛時代に比べると、最近は「改革」という言葉自体の輝きが薄れた感がありますが。デジタル改革、働き方改革など「改革」と名の付く施策は続いていますが、小泉政権の時のような高揚感はありません。これまでも見てきたように人口減少・超高齢化の進む日本経済にはなお「構造改革」が必要な分野がいくつもあります。「改革疲れ」をしている場合ではないと思います。

改革つぶしの「正義」

この本の最後になるこの章では改革に抵抗する場合の「正義」。つまりあまり世の中の人が抵抗できない殺し文句についてみていきたいと思います。

①安心・安全のために立ち止まれ

これは普通に聞くと誰もが反対しにくい言葉です。「安心・安全」は何よりも優先すべきだというのは、誰もが認めることだからです。しかし、それも程度問題だと思います。命の危険に関すること、原子力発電所の安全性、食品の安全性、飛行機、鉄道など交通機関の安全性は何よりも優先されるべきものでしょう。

ただ、本当に決定的でないミスや間違いについては、ある程度認めないと物事は前に進まないという場合もあります。マイナ保険証問題でも様々な人為的ミスで個人情報の紐付けが間違った事例があったのですが、これは気づいたところで正しく修正すればよいわけです。特にデジタル分野は初期の段階はある程度ミスが出ても、それを修正していけばよいというやり方が民間では定着しています。

最初から間違いはゼロ、安全第一でやろうとすると、デジタルのような動きの速い分野では時間がかかりすぎるという問題も起こります。ミスがあったら隠さずに公表して、それをすぐに修正して前に進めるという態度が必要だと思います。「まず立ち止まれ」というのは正論のように聞こえますが、そのプロジェクト自体を止めたい人に「悪用」される恐れもある言葉です。

最近急速に革新が進んでいる生成ＡＩ（人工知能）の分野でも、便利さとともにその弊害への懸念も出ています。世界でも「まず開発をやめてルールづくりをしよう」という意見も出ましたが、技術革新は簡単には止まりません。結局は走りながら、ルールづくりも考えるということになりそうです。自動運転技術や空飛ぶ車などの開発も進んでおり今後、安全性をめぐる制度づくりが必要になります。「安心・安全」と「技術革新・改革のスピード」はデジタル分野で今後重要な論点になるでしょう。

②まず身を切る改革を

これも「正義」としてよく登場します。「財政再建を進めるのも、国民に増税をする前に、まず政治家や公務員が身を切る改革をする必要がある。増税の前には、まず政府の無駄遣いを徹底的に減らすのが先決だ――」。これも一般論としては「正論」であり、誰も異論をはさむのは難しいでしょう。

問題は身を切る改革や歳出削減をどこまでやれば「身を切った」という判断になるかです。実際に国家予算でも歳出改革はここ20年でもかなり進めてきた面もあります。年金、医療、介護など高齢者向けの社会保障予算が高齢化で増大する一方で、公共事業や防衛費や教育、子育て支援の予算は抑制されました。非社会保障分野ではかなり身を切る改革が進んでおり、その結果最近はさすがにこれでは回らないということで、防衛費増額、異次元の少子化対策、大学ファンドの創設などで予算を増やす動きが出てきたのでしょう。それでも全体の国の歳出は増えているので「身を切った」ようには見えません。「身を切る改革」という言葉は、増税など財政健全化の措置を封じる切り札になる「魔法の言葉」でもあるのです。

国民の何らかの負担を伴う改革。社会保障・財政改革などでは、それを進めるためにどのようなナラティブ（物語）を使うかは重要です。

③改革は議論を尽くせ

これもよく使われる言葉です。民主主義は多数決でものごとを決める仕組みですが、その前に双方の意見をよく聞いて、議論を尽くしたうえで最後に多数決にいくべきであるということです。「熟議民主主義」という言葉もあります。議論が熟するまでしっかり話し合おうという意味です。

国会でも与野党で意見が異なる重要法案の審議で、与党が「審議時間がもう十分な時間に達したので、議論は尽くされた」と言い、野党は「まだ審議は尽くされていない」と抵抗し、最後は与党が野党の反対を押し切って強行採決するという光景が繰り返されます。確かに、国会である程度時間をかけて質疑時間をとれば、法案の問題点などについて国民にもわかるので、必要なことだと思います。ただ、機械的にこの審議時間を費やせば、議論を尽くしたことになるのでしょうか。むしろ審議時間は短くても、与野党が問題点を率直に議論し、必要な法案修正を迅速に進めたほうが国民のためになるのではないでしょうか。これも改革の性質によると思いますが、「議論を尽くせ」という言葉が必要な改革をストップする魔法の言葉にもなり得ることもあると思います。

重要なのは、なぜその改革を急がなければならないのかを、しっかりと政策当局者が影響を受ける関係者や国民に広く伝え、納得してもらうことでしょう。

デジタル改革で言えば、国際競争力の低下です。すでにインドなど新興国にも後れをとっているという世界の現実を知らせることが必要になります。

2023年春、インドから来日したビジネスマンにスマホのアプリを見せられて驚きました。その一つのアプリに、保険証、免許証、などすべてがおさまっているのです。日本の「マイナポータル」とは比べものにならない機能でした。

インドは新興国であり、国内では貧富の格差や宗教対立など社会問題など負の側面も多いのですが、行政のデジタル化などある分野では非常に進んでいます。

日本のマイナンバーにあたる「アーダール」という仕組みがインドで急速に普及したのも、日本のように健康保険証や免許証など身分証明に使う書類がほかになかったことがあるそうです。新興国・途上国ではインフラが未整備なので、ITを使った最新の仕組みが一足飛びで広がることがあり、「リープフロッグ」(カエル跳び)と呼ばれる現象です。

一方、日本のようなアナログの既存システムが強固な国では、IT実装には手間がかかります。コロナ禍の際の給付金の支払いやワクチン接種、感染者管理など医療分野でも、紙やファクスを使ったやりとりが主流でした。今でもアナログの健康保険証のほうが良いという声もあって、医療のDXはなかなか進みません。

マイナンバーカードの場合は、政府の普及策のやり方にも問題があったのではないでしょうか。その一つが2020年から始まったマイナカードポイントです。マイナカードを作ったり、保険証や銀行口座に紐付けたりした人に買い物で使えるポイントを付与する仕組みです。

「お金をあげるからカードをつくってください」という政策で、ポイント欲しさにカードを取得したり、保険証や銀行口座との紐付けをしたりした人も多かったようです。その結果、子供のカードを親が申請し、親の銀行口座に紐付けてしまうという問題が起こってしまいました。

マイナカードを持つことの意義を説明しないままに、お金でつろうとしたために、国民がデジタル化の意義を理解できないままにカード取得に動いてしまったのです。ですから、いろいろな問題が報道されると、マイナポイントだけ受け取ってカードは返納するという人も出てきました。改革を迅速に進めなければならない場合も、その意味はきちんと説明して国民にわかってもらう必要があります。これは企業の社内改革でも同じかもしれません。

最後にひとこと

私は新聞社で社説を執筆する論説委員会のとりまとめをしています。新聞の社説というのは、その新聞社が正しいと考える主張、意見、いわば「正義」を示すものです。その私が「正義」について疑問をさしはさむような本書を書くのは少し挑戦的なことかもしれません。

しかし、本書でも指摘してきたように、「正義」についての社会の考え方は時とともに移り変わることもあります。ときには「二つの正義」がぶつかるようなこともあります。ある時点では「正義」と思われる事象についても、常に批判的にみながら、その「正義」に反対する人の意見にも耳を傾けてみるという態度が必要になります。

ウクライナ危機、中東紛争、米中対立、大統領選を前にした米国内の分断、世界のあちらこちらで紛争や分断が広がっています。SNS（交流サイト）が発達したネット空間では、それぞれ同じ意見の人が固まり、意見の異なる人々を攻撃する傾向が強まっています。自分の心地の良い主張しか聞かない。異論をはさむ人を排除する。それぞれが「正義」を掲げて突き進んでいった先は衝突しかありません。特に社会が「正義」を掲げて熱狂するとき、「正義」のバブルが起きて一方向に動きそうなときは警戒が必要かもしれません。

この本では過去の日本経済で起こったそうした実例をいくつかみてきました。実際に取材の現場にいた私も、この本の執筆にあたって歴史として振り返ってみると、なぜ世の人々は、あのときにあれほど熱狂したのだろうかと不思議に感じることも多々ありました。それは今、足元で起きている事件、事象にも同様のことが言えるかもしれません。取材者は判断をくだす際には、多様な意見を聞き、様々な角度から物事を見なければいけないと改めて考えさせられました。

この本に書いてあることは、日本経済新聞社の意見ではありません。一部は社説などと重なる部分はありますが、基本的には私の個人的な意見であることをお断りしておきます。

2023年10月

藤井彰夫

藤井彰夫　ふじい・あきお

1985年早稲田大学政治経済学部卒、同年日本経済新聞社入社。経済企画庁、日銀、大蔵省などを担当し、マクロ経済・金融・財政を取材。87－91年ニューヨーク米州総局、98－01年ワシントン支局駐在。経済部デスク、経済部編集委員兼論説委員、欧州総局編集委員、ワシントン支局長、Nikkei Asian Review 編集長、上級論説委員などを経て、日本経済新聞論説委員長。著書に、『シン・日本経済入門』『イエレンのFRB』『リブラの野望』（共著）（いずれも日本経済新聞出版）など。

日経プレミアシリーズ｜504

「正義《せいぎ》」のバブルと日本《にほん》経済《けいざい》

二〇二三年一一月九日　一刷

著者　藤井彰夫
発行者　國分正哉
発行　株式会社日経ＢＰ
日本経済新聞出版
発売　株式会社日経ＢＰマーケティング
〒一〇五―八三〇八
東京都港区虎ノ門四―三―一二
装幀　ベターデイズ
組版　朝日メディアインターナショナル
印刷・製本　中央精版印刷株式会社

ISBN 978-4-296-11873-1　Printed in Japan

日経プレミアシリーズ486

悪い円安　良い円安

清水順子

2022年初頭から急速に進行した円安について、為替相場、貿易収支、物価データなど様々なデータをもとに現状把握。なぜ「悪い円安」と言われるようになっているのかわかりやすく分析したうえで、円安を好機とする望ましい政策について提案する。

日経プレミアシリーズ495

なぜ少子化は止められないのか

藤波匠

2022年の出生数は80万人を割り、わずか7年で20％以上減少する危機的な状況だ。なぜ少子化は止まらないのか。どのような手を打てばよいのか。若者の意識の変化や経済環境の悪化、現金給付の効果など、人口問題の専門家が様々なデータを基に分析、会話形式でわかりやすく解説する。

日経プレミアシリーズ500

植田日銀　こう動く・こう変わる

清水功哉

なぜ植田和男氏が日本銀行総裁に選ばれたのか？　異次元金融緩和はどのように変わっていくのか？　経済や市場、私たちの生活の変化は？　植田氏を長年取材し人柄を熟知し、日銀ウオッチャーとして定評がある日本経済新聞編集委員が、ファイナンシャルプランナーの視点も交えて明快に読み解く。